グローバル企業の
財務報告分析

西澤　茂 SHIGERU NISHIZAWA　　上西順子 JUNKO UENISHI【著】

中央経済社

はじめに

　本書は，グローバル企業の財務報告分析に必要となる会計学の知識の習得を目的として，次の特徴をもっています。

■IFRS適用企業が公表した有価証券報告書の活用

　グローバルで事業展開をしている日本の企業では，近年，財務諸表作成時に適用する会計基準を日本基準からIFRS（国際会計基準）にシフトする動きが急速に進むとともに，すでに米国会計基準を採用してきた日本の企業でも，IFRSにシフトする傾向があります。

　このような現状をふまえて，本書では，日本の代表的なグローバル企業で，IFRSを適用している「株式会社ファーストリテイリング（ユニクロ）」の有価証券報告書の財務情報を中心として，IFRSおよび日本の会計基準の主要論点の解説を行っています。

　本書の各章とも，IFRSの会計基準を解説する際には，IFRSに準拠して作成された連結財務諸表を活用し，日本の会計基準を解説する際には，日本基準に準拠して作成された個別財務諸表を活用しています。

■Tableau Publicの活用

　企業の事業展開においてグローバル化が急速に進んだ大きなきっかけとなったのが，1990年代後半からのインターネットの普及です。インターネットを介して，商取引がグローバル市場で取引されるようになるとともに，各国の証券市場では企業の財務情報の開示が進みました。その結果，グローバル企業の財務情報を容易に入手し活用できる環境が整うようになってきています。

　さらに，2010年代に入ると，データの「見える化」を進めるソフトウェアが多く開発されるようになり，各分野で集積されているビッグデータの実態把握や情報解析が容易に行えるようになりつつあります。

　そのビッグデータの「見える化」を行う代表的なソフトウェアの1つが「Tableau」です。ここに，「Tableau」とは，タブローソフトウェア（Tableau

Software）の呼称で，BI（ビジネスインテリジェンス）に特化したデータの視覚化ツールを提供するソフトウェアです。同ソフトウェアは，現在，顧客動向の管理など，主にマーケティング分野で積極的に使用されています。

　本書では，その「Tableau」ソフトウェアを活用して，グローバル企業の財務情報の可視化を行っています。テキストと併行して，可視化した情報を「Tableau Public」というTableau社が開設したウェブサイトに掲載し，テキストでの学習とともに，ウェブ上でグローバル企業の実態把握と財務報告分析が行える環境を整えています。

■本書の読者対象

　本書は，大学の経済学部，商学部，経営学部で，はじめて会計学を学習しようとする学生だけでなく，法学部や国際関連の学部などの学生に対しても，幅広い分野の一般教養で，会計学に触れるためのテキストとしても適しています。
　また，これからビジネス界で活躍を希望する実務家が，企業の公表財務情報の基礎理論を学べるように，記述内容を工夫しています。さらに，すでにビジネス界で活用されている幅広い分野の実務家の方々にも，グローバル企業の可視化財務データにより，企業の時系列およびクロス・セクションによる財務報告分析が行えるように，テキストにリンクしたウェブサイトを作成しています。

■本書の構成

　本書の構成は，大学および大学院の半期講義に対応できるように工夫をしています。まず，企業会計に関連する主要トピックスを次の4つのセクションに区分し，さらに各セクションの主要論点をそれぞれ3章に分割して，合計12章で構成されています。

- I　ファンダメンタル・セクション（企業会計の基礎理論）
  このセクションでは，IFRSの会計基準の特徴を理解するとともに，財務諸表のストック情報とフロー情報の特徴を習得することを主な目的としています。
- II　オペレーティング・セクション（主要営業取引の分析）

このセクションでは，企業の主要営業取引について，財務諸表への認識方法とともに，当該活動からの利益分析の方法を習得することを主な目的とします。

- Ⅲ　ファイナンス・タックス・セクション（金融・税務取引の分析）

　このセクションでは，企業の金融取引および税務取引について，財務諸表への認識方法とともに，当該活動の実態分析の方法を習得することを主な目的とします。

- Ⅳ　グローバル・セクション（グローバル活動の分析）

　このセクションでは，企業のグローバル活動における外貨建取引，M&A取引の認識方法とともに，企業グループ全体および事業別・市場別セグメントの実態分析の方法を習得することを主な目的とします。

■謝　辞

　本書の作成にあたっては，多くの分野のエキスパートの方々にご協力を頂きました。とくに，合同会社インテグリティ代表の大西秀亜氏（元株式会社ファーストリテイリングCFO）には，ビジネスの実践面からの貴重なアドバイスを頂くとともに，Tableauのデータ作成では，三菱総研DCS株式会社の大原佳子氏，冨永侑希氏および山形凌平氏，上智大学総合メディアセンターの相生芳晴氏および畔柳美夏子氏に多大なるご協力を頂きました。ここに改めて，お礼を申し上げます。

　また，本書を刊行する好機を与えて下さいました中央経済社代表取締役社長の山本継氏には，厚く御礼申し上げます。最後に，本書の出版にあたっては，小坂井和重氏，福谷早苗氏および長田烈氏には，大変お世話になりました。

　皆様には衷心より御礼申し上げます。

2017年3月

　　　　　　　　　　　　　　　　上智大学経済学部　　　　西澤　茂
　　　　　　　　　　　　　　　　上智大学国際教養学部　　上西順子

目　次

はじめに

Ⅰ　ファンダメンタル・セクション
Fundamental Section

第1章　有価証券報告書と会計基準の意義 ── 2

1-1　会計情報の意義・2
1-2　会計情報の法的開示と自主開示・3
1-3　会計基準におけるIFRSの適用・6
1-4　有価証券報告書の構成・9
1-5　利害関係者による会計情報の利用目的・12
1-6　Tableauを活用した財務報告分析・13

第2章　財務諸表におけるストック情報 ── 19

2-1　有価証券報告書におけるストック情報・19
2-2　資産の構成項目と表記法・21
2-3　負債の構成項目と表記法・27
2-4　資本の構成項目と表記法・28
2-5　Tableauを活用した財務報告分析・32

第3章　財務諸表におけるフロー情報 ── 35

3-1　フロー情報の形態・35
3-2　連結損益計算書の特徴・39

3-3 連結包括利益計算書の特徴・44
3-4 損益計算書の特徴・46
3-5 連結キャッシュ・フロー計算書の特徴・47
3-6 連結持分変動計算書および株主資本等変動計算書の特徴・51
3-7 Tableauを活用した財務報告分析・52

II オペレーティング・セクション
Operating Section

第4章 商品販売・サービス提供による収益認識 ── 56

4-1 売上収益の計上時期・56
4-2 売上収益の認識と測定の基本原則・58
4-3 商品販売の収益認識・61
4-4 サービス提供の収益認識・65
4-5 フランチャイズ加盟店の収益認識・67
4-6 IFRS:収益認識の新会計基準・68
4-7 売上収益に対する引当金の設定・70
4-8 Tableauを活用した財務報告分析・72

第5章 棚卸資産会計と営業利益 ── 75

5-1 原価配分と期末有高の計算・75
5-2 製造原価の計算・77
5-3 棚卸減耗損と商品評価損・80
5-4 販売費及び一般管理費項目・82
5-5 営業利益の内訳・84
5-6 Tableauを活用した財務報告分析・88

第6章　設備投資と有形固定資産会計 ―――― 91

- 6-1　設備投資の形態と固定資産情報・91
- 6-2　有形固定資産のストック情報・92
- 6-3　有形固定資産の財務的影響・93
- 6-4　設備投資の回収プロセス・98
- 6-5　有形固定資産の減損処理・99
- 6-6　固定資産の除却と売却損益・104
- 6-7　Tableauを活用した財務報告分析・104

III　ファイナンス・タックス・セクション
Finance-Tax Section

第7章　負債性金融商品による資金調達と運用 ―――― 108

- 7-1　負債性金融商品による資金調達・108
- 7-2　借入金における将来リスク・112
- 7-3　社債の発行による将来リスク・113
- 7-4　割賦未払金およびリース債務の将来リスク・118
- 7-5　負債性金融商品を活用した資金運用・121
- 7-6　Tableauを活用した財務報告分析・124

第8章　資本性金融商品による資金調達と運用 ―――― 126

- 8-1　株式会社における株式の意義・126
- 8-2　会社設立時における資本構成・127
- 8-3　増資と減資・129
- 8-4　自己株式・132
- 8-5　剰余金配当・134
- 8-6　ストック・オプション・136

- 8-7 他社の株式への投資と時価評価・137
- 8-8 保有株式の評価法・139
- 8-9 Tableauを活用した財務報告分析・142

第9章　法人所得税と税効果会計 ─── 145

- 9-1 グローバル企業の税負担と法人所得税・145
- 9-2 税効果会計の意義・149
- 9-3 繰延税金資産の形態と特性・151
- 9-4 繰延税金資産の回収可能性・154
- 9-5 繰延税金負債の形態と特性・156
- 9-6 法定実効税率と実際負担税率・159
- 9-7 グローバル企業の税務戦略・160
- 9-8 Tableauを活用した財務報告分析・161

Ⅳ　グローバル・セクション
Global Section

第10章　海外事業展開と外貨換算会計 ─── 166

- 10-1 グローバル企業における為替リスク・166
- 10-2 外貨建取引の取引リスク・168
- 10-3 ヘッジ取引とヘッジ会計・172
- 10-4 在外支店の換算リスク・177
- 10-5 在外子会社の換算リスク・177
- 10-6 グローバル・キャッシュ・マネジメント・181
- 10-7 Tableauを活用した財務報告分析・184

目　次　v

第11章　M&Aにおける企業結合会計 ―― 187

11-1　M&Aの経済実態・*187*
11-2　企業結合会計とのれん・*188*
11-3　のれんの経済合理性・*191*
11-4　のれんの償却と減損・*194*
11-5　無形資産の意義・*197*
11-6　Tableauを活用した財務報告分析・*201*

第12章　連結会計とセグメント情報 ―― 204

12-1　企業グループにおける連結財務諸表の意義・*204*
12-2　親会社が設立した子会社・*205*
12-3　子会社化の手続き・*210*
12-4　関連会社への持分法適用・*214*
12-5　企業グループのセグメント情報・*218*
12-6　主要子会社の実態分析・*222*
12-7　Tableauを活用した財務報告分析・*224*

索　引・*227*

I　ファンダメンタル・セクション

Fundamental Section

第1章　有価証券報告書と会計基準の意義
第2章　財務諸表におけるストック情報
第3章　財務諸表におけるフロー情報

第1章
有価証券報告書と会計基準の意義

1-1 会計情報の意義

1-1-1 企業経営における会計システムの意義

　企業は，利益の最大化と持続的成長を主目的として活動をする組織です。その経営活動を行うにあたっては，株主，債権者，金融機関，取引先，税務当局，監督官庁などの様々な利害関係者と継続的に良好な関係を構築する必要があります。そのため，経営者は，利害関係者に対して，定期的に効率的な経営を行い，財務基盤が安定し拡大していることを示す必要があります。この利害調整で重要な役割を果たすのが，会計システムです。

　「会計（Accounting）」とは，経済活動を記録・報告するシステムの総称であり，企業会計は，企業の経営者が，日々の経営活動を記録して財務諸表を作成し，その情報を利害関係者に定期的に報告して，経営活動のチェックを受けるシステムです。

　そのチェックシステムが機能し，経営者と利害関係者との良好な関係が継続できれば，企業の持続的成長へとつながりますが，チェックシステムが十分に機能しなければ，経営者が自己の利益を優先させてしまったり，利害関係者による不信感が高まったりして，経営の安定を維持することが困難になり，企業の持続的成長を阻害することになります。

1-1-2 複式簿記と会計情報の開示

　財務諸表は，「複式簿記」という記録システムに基づく会計帳簿から作成されます。ここに，「複式簿記」とは，日々の経営活動を二面的にとらえて記録

するシステムで，15世紀末のイタリアで誕生してから現代に至るまで継続的に適用され，現代でも，企業活動が行われている世界各国で採用されている記録システムです。

日々の経営活動は，各国で定められている会計基準に準拠して，複式簿記のシステムを持つ会計帳簿に認識・測定され，その活動結果は，人為的に期間を区切り，各期間の経営実態を反映した財務情報が，「財務諸表」です。その期間を「会計期間」といい，会計期間は，1年間が基本で，さらに3カ月ごとに細分化し，その会計期間を「四半期」といいます。

作成された財務諸表は，まずは，企業と直接的関係がある株主や債権者に開示され，さらに，株式を公開している企業では，インターネットを中心とした情報媒体を通じた開示もされ，一般の人々でも容易に閲覧可能です。

Column 1.1

会計期間

　一会計期間とは，企業が定める決算日を基準日とした1年間をいい，前期の決算日から当期の決算日までの1年間の営業活動からの成果を反映しています。決算日の日程は，企業が任意に設定できます。日本企業では3月末を決算日に設定するケースが多く，海外企業では，12月末に設定するのが一般的です。ただし，企業の中には，業務繁忙期を避ける形で決算日を設定することもあります（なお，本書では，以下，決算日は「会計年度末」または「会計期末」といいます）。

1-2　会計情報の法的開示と自主開示

企業が開示する会計情報は，事業を展開している各国の（法）規制に基づいて開示されるケースと，企業が自主的に開示しているケースがあります。

日本の（法）規制としては，「会社法」および「金融商品取引法」による法規制と証券取引所の適時開示規制があります。

1-2-1　会社法による開示規制

日本で事業を展開している会社は，まず，会社法に準拠する必要があります。日本の会社法は，日本で設立登記されたすべての会社を適用対象と，会社の

様々な関係者の利害調整を主な目的とした法律です。それらの会社では，事業年度終了後に「計算書類」（貸借対照表，損益計算書，株主資本等変動計算書および個別注記表）を作成し，その書類を定時株主総会に提出して，株主に報告しなければなりません。さらに，大会社（資本金5億円以上，または負債200億円以上）で，有価証券報告書（金融商品取引法に基づく会計情報）を提出する会社では，連結計算書類（連結貸借対照表，連結損益計算書，連結株主資本等変動計算書および連結注記表）も作成し，定時株主総会に提出して，株主に報告しなければなりません。

計算書類および連結計算書類は，会社の本店・主要な支店で閲覧可能であるとともに，日刊の新聞，官報または電子媒体でも公告されます。

1-2-2　金融商品取引法による開示規制

日本の証券市場で上場している会社（または1億円以上の株券や社債券などの募集を行っている会社，有価証券の所有者が500名以上の会社）は，金融商品取引法にも準拠する必要があります。金融商品取引法は，有価証券の発行・流通市場の円滑な運営を目的とした法律で，投資家への会計情報の適時開示を強く求めています。

金融商品取引法に基づく企業の会計情報の開示制度は，ディスクロージャー制度（または企業内容開示制度）といい，一事業年度（1年）ごとに作成される「有価証券報告書」と，3カ月ごとに作成される「四半期報告書」が開示対象となります。この関係を示すと**図表1－1**のとおりです。

図表1－1　四半期報告書と有価証券報告書の作成時期

当会計年度 期首	3カ月後 第1四半期末	6カ月後 第2四半期末	9カ月後 第3四半期末	12カ月後 当会計年度 期末
	↓	↓	↓	↓
	第1四半期報告書	第2四半期報告書	第3四半期報告書	第4四半期報告書 ＋ 有価証券報告書

有価証券報告書は，事業年度終了後（決算日）3カ月以内，四半期報告書は，各期間経過後45日以内に内閣総理大臣宛に提出しなければならず，提出後は，ただちに，金融庁が開設しているウェブサイトEDINET（Electronic Disclosure for Investors' NETwork）で開示され，閲覧可能となります。

Column 1.2

四半期報告書における第4四半期の開示

　四半期報告書は，当期の会計期間のはじめから3カ月ごとに，第1四半期，第2四半期，第3四半期と区分し，それぞれの期の四半期報告書が開示されます。しかし，最後の3カ月の第4四半期については，有価証券報告書の開示のタイミングと重なるため，第4四半期単独の報告書の公表は義務づけられていません。そのため，第4四半期報告書を別個開示していない企業においては，第4四半期データは，有価証券報告書データから第1四半期から第3四半期までの累積データを控除して算定する必要があります。

　有価証券報告書には，財務諸表の数値情報に加えて，企業の状況から事業，設備，株式の状況に至る記述情報も掲載され，企業の経営実態の把握に最も有用な情報です。

1-2-3　証券取引所の開示規制

　日本の証券市場で上場している会社は，日本の証券取引所の適時開示規制にも準拠する必要があります。その規制とは，日本の証券取引所に株式を上場している会社に対して，一事業年度および四半期ごとに「決算短信」という会計情報の提出を求め，取引所が開設しているTDnet（Timely Disclosure network：適時開示情報閲覧サービス）にて，開示する仕組みです。決算短信の最大の特徴は，速報性にあります。企業の会計情報として，最も早いタイミングで情報開示されるため，企業の経営実態をタイムリーに把握するうえで有用な情報です。

1-2-4　企業の自主開示

　企業が会計情報を開示するケースは，（法）規制に基づく開示に加えて，企

業の独自の判断に基づいて開示することもあります。たとえば，企業が開設しているウェブサイトにおける「IR（インベスター・リレーション）」情報がその代表例です。ここに「IR」とは，企業が投資家に向けて経営状況や財務状況，業績動向に関する情報を発信する活動の総称をいいます。このIR情報としては，有価証券報告書，決算短信とともに，CSR（社会的責任）レポート，環境報告書，統合報告書なども開示されているケースがあります。

1-3　会計基準におけるIFRSの適用

1-3-1　会計基準の意義

　有価証券報告書に掲載する連結財務諸表および財務諸表は，金融商品取引法の関連法規である「連結財務諸表規則」（および「財務諸表等規則」）が適用を認めている「会計基準」に準拠して，作成しなければなりません。ここに「会計基準」とは，企業活動を帳簿上で認識・測定する際の具体的な会計処理および財務諸表の開示方法を定めたルールの総称です。いわば，会計基準とは，「企業の活動」という実写体を「財務諸表」という被写体に映し出すためのカメラのような役割を果たすものです。

　会計基準は，法律により制定されたものではなく，企業会計の実務の中で慣習として発達したもののなかから，一般に公正妥当と認められたところを要約し明文化されたルールであるため，GAAP（Generally Accepted Accounting Principles）といい，日本で伝統的に使用されてきた会計基準の総称が「日本GAAP」（以下，「日本基準」という）です。日本基準は，旧大蔵省の企業会計審議会が制定した会計基準と，2001年に設立された企業会計基準委員会（ASBJ）が制定した会計基準が主な対象となります。

　日本で事業展開をする会社は，原則，「日本基準」に準拠しなければなりませんが，連結財務諸表規則が掲げる一定の要件を満たしている場合（その会社は，「指定国際会計基準特定会社」といいます）には，国際会計基準（以下，「IFRS」という）に準拠して財務諸表を作成して開示することが可能です。さらに，米国の証券市場で上場をしている企業については，米国基準の採用も認められています。

> **Column 1.3**
> 会計基準における「米国基準」の選択適用
> 　日本の国内会社では,連結財務諸表規則が掲げる一定の要件を満たせば,米国での会計基準(以下,「米国基準」という)の適用も認めています。米国市場を主要な販売・資金調達市場と位置づけている日本のグローバル企業では,従来は,米国基準を積極的に採用する傾向にありました。2000年代初頭では,日本市場における時価総額ランキング上位20社のうち,約半分の企業が米国基準を採用していましたが,近年,それらの企業は,米国基準からIFRSへ会計基準を変更する傾向があります。

1-3-2　IFRSの意義

IFRS(International Financial Reporting Standards)とは,英国ロンドンに拠点があるIASB(International Accounting Standards Board:「国際会計基準審議会」,以下「IASB」という)が公表した基準書および解釈指針の総称で,具体的には,主に次の規定から構成されています。

- International Financial Reporting Standards
- International Accounting Standards
- IFRIC Interpretations
- SIC Interpretations

なお,本書では,IASBが公表した上記の基準書および解釈指針は,すべて「IFRS」と表記しています。

1-3-3　IFRSの適用状況の推移と適用理由

日本で事業を行う企業において,IFRSの適用が認められるようになったのは,2011年3月期からです。一方で,EU域内では,2005年からIFRSが強制適用されており,近年は,世界の主要な国々においても,IFRSは広く普及しつつあります。そのような中で,日本と米国においてはIFRSの普及が遅れてきましたが,日本では,近年,IFRSを適用する企業は,以下のように増加傾向にあります。

■IFRS適用済み企業

年	2011	2012	2013	2014	2015	2016	合計
会社数(社)	3	2	11	12	34	39	101

2016年12月時点で，IFRSを既に適用している企業と適用予定企業の合計は128社で，同時点での日本証券取引所の上場会社数3,539社のうちの約3.6％です（日本取引所グループのウェブサイトより引用）。

金融庁が行ったIFRSへの移行についての実態調査（「IFRS適用レポート」金融庁，2015年4月）では，IFRSへの移行による主なメリットとして，企業は次の点を挙げています。

- 海外子会社等が多いことから，経営管理に役立つ
- 同業他社との比較可能性の向上に資する
- 他の会計基準に比べて，IFRSの方が自社の業績を適切に反映する
- 海外投資家に説明がしやすい
- 海外における資金調達の円滑化に資する

Column 1.4
会計基準の設定主体

各国の会計基準を設定する主体は，公的機関（「パブリック・セクター」）または私的機関（「プライベート・セクター」）のいずれかですが，近年は，プライベート・セクターに会計基準の設定を委ねる傾向があります。

日本では，従来は，パブリック・セクターである旧大蔵省（現金融庁）の企業会計審議会が会計基準を設定していましたが，2001年以降は，プライベート・セクターであるASBJ（Accounting Standards Board of Japan：「企業会計基準委員会」）に基準設定を委ねています。

また，IFRSを設定しているIASBも，米国基準を設定しているFASB（Financial Accounting Standards Board）も，プライベート・セクターです。

1-3-4 IFRS適用企業の特徴

IFRSの適用が認められている企業は，連結財務諸表および個別財務諸表の双方の作成において，IFRSに準拠することが認められてはいません。IFRSに

準拠することが認められているのは連結財務諸表のみであり、個別財務諸表については、日本基準に準拠しなければなりません。

> IFRS適用企業における財務諸表作成時に準拠する会計基準
> - 連結財務諸表：IFRSに準拠して作成
> - 個別財務諸表：日本基準に準拠して作成

本書では、IFRSを適用している企業グループ全体の経営実態の把握と分析を主題とするため、主に連結財務諸表を対象としたIFRSの解説を行いますが、必要に応じて、個別財務諸表作成時に準拠する日本基準の解説も行います。

1-4　有価証券報告書の構成

1-4-1　有価証券報告書の掲載内容

有価証券報告書に掲載される内容は、次ページの**図表1-2**のとおりです。

有価証券報告書における第一部の第1【企業の概況】から第4【提出会社の状況】は、企業の経営実態に関する記述情報で、第5【経理の状況】において企業の経営実態を反映した財務諸表が開示されます。

1-4-2　連結財務諸表と個別財務諸表

有価証券報告書において開示される財務諸表は、「連結財務諸表」と「個別財務諸表」の2種類です。ここに「連結財務諸表」とは、企業グループ（または企業集団）の経営実態を反映した財務諸表です。企業は、支配従属関係にある親会社と複数の子会社から構成されるピラミッド型の組織体制をとっており、その企業グループ全体の財政状態、経営成績およびキャッシュ・フローの状況を総合的に反映した財務情報が連結財務諸表です。一方で、「個別財務諸表」とは、親会社単独の財政状態、経営成績およびキャッシュ・フローの状況を反映した財務情報で、連結と比較する意味で「個別財務諸表」ともいいます。この関係を示すと、11ページの**図表1-3**のとおりです。

なお、四半期報告書では、原則、連結財務諸表のみが開示され、個別財務諸表の開示は免除されます。

図表1−2 有価証券報告書の目次

第一部		【企業情報】
	第1	【企業の概況】
		1　【主要な経営指標等の推移】
		2　【沿革】
		3　【事業の内容】
		4　【関係会社の状況】
		5　【従業員の状況】
	第2	【事業の状況】
		1　【業績等の概要】
		2　【生産，受注及び販売の状況】
		3　【対処すべき課題】
		4　【事業等のリスク】
		5　【経営上の重要な契約等】
		6　【研究開発活動】
		7　【財政状態，経営成績及びキャッシュ・フローの状況の分析】
	第3	【設備の状況】
		1　【設備投資等の概要】
		2　【主要な設備の状況】
		3　【設備の新設，除却等の計画】
	第4	【提出会社の状況】
		1　【株式等の状況】
		2　【自己株式の取得等の状況】
		3　【配当政策】
		4　【株価の推移】
		5　【役員の状況】
		6　【コーポレート・ガバナンスの状況等】
	第5	【経理の状況】
		1　【連結財務諸表等】
		2　【財務諸表等】
	第6	【提出会社の株式事務の概要】
	第7	【提出会社の参考情報】
		1　【提出会社の親会社等の情報】
		2　【その他の参考情報】
第二部		【提出会社の保証会社等の情報】
監査報告書		
内部統制報告書		

図表1−3 連結財務諸表と個別財務諸表

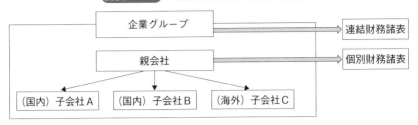

1-4-3 財務諸表におけるストック情報とフロー情報

財務諸表は，一定時点の経営実態を反映するストック情報と，会計期間における経営実態の変動を反映するフロー情報から構成されます。その関係を示すと**図表1−4**のとおりです。

図表1−4 財務諸表におけるストック情報とフロー情報

連結財務諸表および個別財務諸表において開示される具体的なストック情報とフロー情報は，**図表1−5**のとおりです。

図表1−5 財務諸表の種類

財務諸表の種類		連結財務諸表	個別財務諸表
適用会計基準		IFRS	日本基準
ストック情報	財政状態情報	連結財政状態計算書	貸借対照表
フロー情報	損益情報	連結損益計算書	損益計算書
		連結包括利益計算書	
	キャッシュ・フロー情報	連結キャッシュ・フロー計算書	―
	資本変動情報	連結持分変動計算書	株主資本等変動計算書

1-5 利害関係者による会計情報の利用目的

1-5-1 利害関係者の3つのニーズ

　企業の利害関係者は，様々なニーズを満たすために財務情報を活用しています。たとえば，投資家は配当の受領（インカム・ゲイン）と株価の上昇（キャピタル・ゲイン）に関連する情報へのニーズ，一方，債権者は利息および元本の遅滞のない回収可能性に関連する情報へのニーズが高いです。このようなニーズの違いはあるものの，すべての利害関係者に共通するニーズもあります。その主なものは，次の3つの指標です。

- 企業が倒産するリスクは存在しないか→「安全性」
- 当期の利益水準は妥当か→「収益性」
- 将来の成長は期待できるか→「将来性」

　「安全性」とは，経営の健全性に関連する情報へのニーズで，主に企業の倒産リスクの情報が対象となります。企業が倒産するのは，営業赤字が続いて運転資金が不足するケース，借入金の返済時期が迫っているにもかかわらず保有資金が不足しているケース，純資産がマイナスに陥り債務超過になるケースなどがあります。

　「収益性」とは，毎期の利益水準に関連する情報へのニーズで，利益の絶対額の情報に加えて，売上規模に対する利益率，資産規模や投資規模に対する利益率，同業他社との比較情報などが対象となります。また，収益性では，企業グループ全体の情報に加えて，事業別，市場別の詳細情報も重要です。特に利益に貢献している事業・市場別セグメント，逆に企業の利益圧迫要因となっているセグメントの把握へのニーズが高いです。

　「将来性」とは，積極的な新規設備投資，新製品開発のための研究開発投資，市場開拓のための宣伝・マーケティング活動に関連する情報へのニーズです。また市場別の将来性についての情報も重要です。日本や欧米市場のような成熟市場における，継続的な将来性の確保の実態とともに，経済成長が著しい中国，東南アジア，南米等の海外市場への積極的進出に関連する情報へのニーズも高くあります。

利害関係者は，これら3つの指標が，いずれも高い水準にあることを求めますが，実際には，特定の指標のみが高く，特定の指標は低いというアンバランスが発生していることも多く，企業の経営者の中には，特定の指標を重視するばかりに，他の指標を犠牲にするケースがあります。

1-5-2 安全性重視による収益性，将来性の犠牲

安全性を重視するあまり，収益性，将来性を犠牲にしているケースの代表例は，企業内部に資金を過剰に留保して投資機会を軽減している企業です。豊富な手元資金は，運転資金や債務の返済資金不足に陥るリスクは回避できるため，安全性の向上に大きく貢献します。しかし，投資機会が減れば事業の拡大は期待できず，収益性は低下します。また，研究開発や宣伝活動への資金供給の低下は，将来性を停滞させる要因となります。

1-5-3 収益性重視による安全性，将来性の犠牲

収益性を重視するあまりに，安全性，将来性を犠牲にするケースとは，直近に無理な販売活動を実施しているケースです。たとえば，販売顧客の対象を債権の回収可能性が低い顧客にまで拡大している場合，収益性指標は向上するものの，債権の回収が滞ることにより運転資金の不足を招いて，安全性や将来性を損なうことがあります。

1-5-4 将来性重視による安全性，収益性の犠牲

企業の中には，将来性を最重視するあまり，安全性や収益性を犠牲にしているケースもあります。たとえば，IT関連事業では，先行投資を積極的に実施するあまり，資金不足となるリスクや，その先行投資にみあう市場変化が生じずに収益性が上がらないケースなどがあげられます。

1-6 Tableauを活用した財務報告分析

1-6-1 時系列分析とクロス・セクション分析

企業の利害関係者は，財務情報を通じて，次の分析方法により，企業の「安全性」，「収益性」，「将来性」を判断します。

① 時系列分析

　自社の当年度と過年度の業績とを比較するデータ分析アプローチです。有価証券報告書の財務諸表は，当年度と前年度の2年分のデータが併記されていますが，過去2年間のデータのみでは，中・長期的な経営の傾向を把握することは困難です。そのため，時系列分析では，過去数年分の財務情報を活用する必要があります。

② クロス・セクション分析

　自社と競合する他社の業績を比較するデータ分析アプローチです。この分析視点は，企業が行う業務が反映される産業（セクター）における相対的な地位を把握し，特に，分析対象企業が，業界トップレベルの水準を維持していたり，業界平均を上回っていたりするかを判断します。クロス・セクション分析では，自社の財務情報に加えて，同業他社の財務情報も活用します。

1-6-2　財務情報の比較可能性の確保

　時系列分析およびクロス・セクション分析では，まず，情報の比較可能性を確保しなければなりません。そのため，時系列分析では，次の2項目のチェックが必要です。

① 適用する会計基準の変更

　企業が適用する会計基準が，分析対象の事業年度において，日本基準からIFRSへの変更，米国基準からIFRSへの変更が行われていないかをチェックする必要があります。

② 取引の認識・測定法の改定

　会計基準は，経済環境の変化に伴って，認識・測定法を適時改定しています。分析対象の事業年度において，重要性の高い項目について会計基準の改定が行われていないかをチェックする必要があります。

　一方で，クロス・セクション分析では，次の2項目のチェックが必要です。

① 比較対象の競合他社が適用する会計基準の比較

　自社と競合他社が，同一の会計基準を適用しているかどうかのチェックです。自社が日本基準を採用しているならば，競合他社も日本基準を採用しているか，自社がIFRSの適用企業ならば，競合他社もIFRSの適用企業であるかチェックする必要があります。

② 同一の会計処理の適用

　個々の経営活動の認識・測定では，代替的な会計処理が認められているケースがあります。重要な経営活動については，自社と競合他社とが同一の会計処理をとっているかをチェックする必要があります。

　時系列分析およびクロス・セクション分析では，情報比較可能性に影響を与える要因があった場合には，それらの要因の財務的影響を考慮してから，分析を開始する必要があります。

1-6-3　Tableauソフトウェアの活用

　1990年代から急速に進んできたインターネットの普及，2000年代から世界各国で進められてきた企業の財務情報の積極的な開示により，企業の財務情報というビッグデータも，容易に活用できる環境が整ってきています。

　さらに，近年，そのビッグデータの「見える化」を進めるソフトウェアが多く開発され，企業の経営実態の分析を容易に行える環境が整いつつあります。

　本テキストでは，その代表的なソフトウェアであるTableauを活用して，グローバル企業の時系列分析およびクロス・セクション分析の具体的な手法を解説します。

　ここに「Tableau」とは，米国のタブローソフトウェア（Tableau Software）社が開発した，BI（ビジネスインテリジェンス）に特化したインタラクティブなデータの視覚化ツールを提供しているソフトウェアです。スタンフォード大学のコンピュータサイエンス学科で開発されたソフトウェアがルーツで，ディズニー・グループのピクサー・スタジオの元スタッフが中心となって開発されたものです。

　企業が開示する有価証券報告書には，その企業の直近2年分の財務情報しか

掲載されておらず，その情報のみでは，企業の適切な経営実態の把握は困難です。この限界を克服するために作成したのが，Tableau社のソフトウェアを活用した財務情報の分析ツールです。

次に示したウェブサイトは，Tableau社が公開している「Tableau Public」というサイトを活用して，ユニクロブランドによるアパレル事業をグローバル市場で展開しているファーストリテイリング社（以下，「ファーストリテイリング」という）の2016年8月期の財務情報を中心として，様々な産業のグローバル企業の財務情報について過去5年分の主要財務情報を掲載しています。

http://pweb.sophia.ac.jp/s-nishiz/

このウェブサイトにおける分析対象企業と分析年度をクリックすれば，対象となる企業の各年度のフロー情報とストック情報を，次の5つのカテゴリー別に抽出可能です。

- カテゴリー1：損益情報①…売上収益，売上原価，販売費及び一般管理費，営業利益，当期純利益の掲載
- カテゴリー2：損益情報②…営業利益率，当期純利益率の掲載
- カテゴリー3：ストック情報①…資産，負債・資本の総額表示と主要内訳の掲載
- カテゴリー4：ストック情報②…資産，負債・資本の主要構成比率の掲載
- カテゴリー5：キャッシュ・フロー情報…営業キャッシュ・フロー，投資キャッシュ・フロー，財務キャッシュ・フローの掲載

1-6-4　Case Study：時系列分析

Tableau Publicにおける「グローバル企業の財務情報」（Sec.1 有価証券報告書と会計基準の意義）を開き，（小売業 Fast Fashion）の中からファーストリテイリングをクリックして下さい。

- ファーストリテイリングの過去5年間の売上収益および営業利益の時系列分析を行い，どのような特徴があるか検討してみましょう。
- ファーストリテイリングの過去5年間の営業利益率（営業利益／売上収

益）および当期純利益率（当期純利益／売上収益）の時系列分析を行い，どのような特徴があるか検討してみましょう。

　ファーストリテイリングでは，売上収益も利益も毎年，順調に増加していますが，利益率は，年度ごとに上下変動している特徴を理解できたか確認しましょう。そのほかにも，どのような特徴があるか検討してみましょう。

1-6-5　Case Study：クロス・セクション分析

　Tableau Publicにおける「グローバル企業の財務情報」（Sec.1 有価証券報告書と会計基準の意義）を開き，（小売業 Fast Fashion）の中からファーストリテイリング，H&MおよびZARAをクリックして下さい。3社の売上収益および当期純利益のクロス・セクション分析を行い，どのような特徴があるか検討してみましょう。さらに，時系列分析も同時に行うことにより，ファストファッションのグローバル市場での勢力図の変動の実態を把握できます。

1-6-6　Case Study：会計基準変更の影響

　Tableau Publicにおける「グローバル企業の財務情報」（Sec.1 有価証券報告書と会計基準の意義）を開き，（食品業）の中からJT社をクリックしてください。

　JT社における2011年と2012年の2年間の売上収益を比較してみましょう。

　2011年の売上収益は約6兆円規模でしたが，2012年には2兆円規模まで減少し，金額ベースでは，前年度比3分の1のレベルまで激減しています。この変化は，主要事業のたばこの販売実績が急激に悪化したことが原因ではなく，JTが，会計基準を日本基準からIFRSに変更したことに起因しています。日本基準では，最終消費者への販売価格を基礎にして売上収益を計上していたのに対して，IFRSでは，たばこ税等の税額控除後の価格を基礎にして売上収益を計上していました。その認識方法の違いが，売上収益の激減をもたらしました。

演習問題

Q1　企業が開示する財務情報には，どのような形態があるか。法的強制力のある開示と自主開示に区分して説明しなさい。

Q2　有価証券報告書において開示される記述情報の特徴について説明しなさい。

Q3　連結財務諸表と個別財務諸表の相違点について説明しなさい。

Q4　日本企業がIFRSを採用する主な理由について説明しなさい。

Q5　連結財務諸表におけるストック情報とフロー情報の関連性について説明しなさい。

Q6　適用する会計基準を日本基準からIFRSへ変更した場合，連結財務諸表にどのような影響を与えるか説明しなさい。

Q7　企業の財務情報の分析を行うには，時系列分析とクロス・セクション分析の双方が必要な理由について説明しなさい。

Q8　企業の「安全性」については，どのような分析を行うか説明しなさい。

Q9　「安全性」は高いものの「収益性」が低い企業の特徴について説明しなさい。

Q10　日本の企業が適用可能な会計基準とそれぞれの適用条件について説明しなさい。

第2章

財務諸表におけるストック情報

2-1 有価証券報告書におけるストック情報

2-1-1 ストック情報の種類

　財務諸表におけるストック情報とは，毎期の会計期末時点における企業の「財政状態」を反映した財務情報です。「財政状態」とは，企業が経営に活用する資金の運用形態と調達源泉の現状をいい，資金の運用形態は「資産」，資金の調達源泉は「負債」と「資本」に区分されます。資産，負債，資本の三要素は，次の等式の関係にあります。

$$資産 \;=\; 負債 \;+\; 資本$$

2-1-2 財政状態の貸借均衡

　財政状態を反映する財務表は，「貸借対照表」といい，左右対称の形式をとります。左側は「借方」，右側は「貸方」ともいい，借方合計額と貸方合計額は常に一致し，「貸借」金額が対照（一致）となるため，「貸借対照表」といいます。この貸借均衡は，企業経営の健全性を反映する1つの指標です。

　たとえば，株主からの出資金（100），銀行からの借入金（50）の合計（150）の現金を受領して会社を設立した場合，設立時の貸借対照表は，次ページの図表2－1のとおりです。なお，（個別）貸借対照表では，資本は純資産といいます。

　会社設立後の経営が順調で利益を計上している場合には，貸借対照表の資産

図表2-1　貸借対照表の基本形

貸借対照表 会社設立時

左側（借方）		右側（貸方）	
資産		負債	
現金	150	借入金	50
		純資産	
		資本金	100
合計	150	合計	150

貸借均衡

が増加するとともに、資本も同額だけ増加して、常に貸借が均衡します。たとえば、当期の営業活動の利益が（50）で、その営業の対価は全額（50）を現金で受領していた場合には、資産も資本も（50）だけ増加し、貸借均衡は保たれます。

しかし、極端な経営不振で当期に赤字が（120）まで膨れあがると、同額の資産が減少するとともに、資本が実質的にマイナス状態となり、資産よりも負債の金額が大きくなってしまいます。このような貸借バランスが崩れた状態をもって「債務超過」といい、企業の実質的な経営破綻状態を示しています。これらの関係を示すと、**図表2-2**のとおりです。

図表2-2　営業活動後の貸借均衡と貸借不均衡

貸借対照表 当期末：利益計上時

左側（借方）		右側（貸方）	
資産		負債	
現金	200	借入金	50
		純資産	
		資本金	100
		利益剰余金	50
合計	200	合計	200

貸借均衡

貸借対照表 当期末：赤字計上時

左側（借方）		右側（貸方）	
資産		負債	
現金	30	借入金	50
		純資産	
		資本金	100
		利益剰余金	△120
合計	30	合計	50

貸借不均衡

純資産のマイナス（△20）はゼロ評価

2-1-3 連結財政状態計算書と貸借対照表の開示

有価証券報告書におけるストック情報の開示形式は，資産，負債・資本の左右並列併記ではなく，図表2－3のとおり縦列表記を用いています。

図表2－3 ストック情報の開示方式

【連結財政状態計算書】		前連結会計年度	当連結会計年度
資産			
流動資産		xxx	xxx
非流動資産		xxx	xxx
資産合計	①	xxx	xxx
負債及び資本			
負債			
流動負債		xxx	xxx
非流動負債		xxx	xxx
負債合計	②	xxx	xxx
資本			
親会社の所有者に帰属する持分		xxx	xxx
非支配持分		xxx	xxx
資本合計	③	xxx	xxx
負債及び資本合計	④	xxx	②+③

【貸借対照表】		前事業年度	当事業年度
資産			
流動資産		xxx	xxx
固定資産		xxx	xxx
資産合計	①	xxx	xxx
負債及び資本			
負債			
流動負債		xxx	xxx
固定負債		xxx	xxx
負債合計	②	xxx	xxx
純資産			
株主資本		xxx	xxx
評価・換算差額等		xxx	xxx
新株予約権		xxx	xxx
純資産合計	③	xxx	xxx
負債及び純資産合計	④	xxx	②+③

「連結財政状態計算書」，「貸借対照表」の双方とも，開示される金額は，前会計年度（または前事業年度）の金額と当会計年度（または当事業年度）の金額が併記されます。

なお，日本基準に準拠して連結財務諸表を採用している企業では，ストック情報を反映する財務表は，「連結貸借対照表」といいます。

2-2 資産の構成項目と表記法

2-2-1 資産の意義

企業の財政状態における「資産」とは，次のとおりです。

> 資産：過去の事象の結果として，企業が支配し，かつ，将来の経済的便益が当該企業に流入することが期待される資源をいう。

ここに「経済的便益」とは，企業への現金および現金同等物の流入に，直接的（または間接的）に貢献する潜在能力です。企業が保有する具体的な経済資源には，現金，商品のほかに，営業債権，土地，建物，備品，保有株式・債券などがあります。

2-2-2　流動資産と非流動資産の区分

連結財政状態計算書の資産は，「流動資産」と「非流動資産」に，貸借対照表は，「流動資産」と「固定資産」に細分化されます。ここに「流動」とは，将来において，対象となる資産が収益獲得に貢献して，企業に現金回収までの期間が短いことを意味します。ある資産が流動項目か非流動項目に該当するかは，その資産の使用目的に基づいて区分します。

まず，商品の仕入れから，販売・対価回収までのプロセスを主要営業循環と位置づけ，同循環内にある資産は，すべて流動資産に分類します。その代表的な資産は「現金及び現金同等物」，「棚卸資産」，「売掛金及びその他の短期債権」などです。

一方で，その営業循環に入らない資産については，「1年基準」に基づいて，当会計年度末から1年以内に，当該資産から現金回収が期待できる資産は流動資産，それ以外の資産は非流動資産に区分して計上します。なお，貸借対照表では，非流動資産は「固定資産」といいます。

Column 2.1

流動性配列法と非流動性配列法

通常の企業の連結財政状態計算書では，流動資産の後に非流動資産を表示する形式をとります。このような表示形式を「流動性配列法」といいます。流動性配列法を採用する理由は，現金及び現金同等物が，企業の存続・成長において最も重要な経営資源であるからです。

しかし，電力や鉄道のようなインフラ事業，自動車や航空機メーカーのようなメーカーなどでは，保有する有形固定資産の規模が大きく，それらの資産が経営上で最も重要な経済資源となっています。このような企業では，非流動資産を先に表示する「非流動性配列法」を使用しています。

2-2-3 流動資産の内訳

　流動資産には，営業循環の対象資産と，営業循環外の資産のうち，1年以内に現金として回収予定のものが計上されます。たとえば，連結財政状態計算書に計上される主な流動資産は，**図表2－4**のとおりです。

図表2－4　流動資産項目

【連結財政状態計算書】	前連結会計年度	当連結会計年度
資産		
流動資産		
現金及び現金同等物*	×××	×××
売掛金及びその他の短期債権*	×××	×××
棚卸資産*	×××	×××
短期金融資産**	×××	×××

*　：営業循環の対象資産
**：営業循環外の資産

2-2-4　現金および現金同等物と連結キャッシュ・フロー計算書

　連結財政状態計算書における流動資産の最初に計上されるのは，「現金及び現金同等物」項目です。

- 現金：現金＋小口現金＋通貨代用証券（いつでも通貨に引き換えられるもの）
- 預金：要求払預金（当座預金＋普通預金）
- 現金同等物：現金同等物とは，容易に換金可能であり，かつ，価値の変動について僅少なリスクしか負わない短期投資をいいます。現金同等物の例としては，取得日から満期日または償還日までの期間が3カ月以内の短期投資である定期預金，譲渡性預金，コマーシャル・ペーパー，売戻し条件付現先，公社債投資信託があります。

　現金同等物は，換金可能性と僅少な価値変動リスクの要件をいずれも満たす必要があり，市場性のある株式は，換金が容易ですが，価値変動リスクがあるため，現金同等物には含まれません。

現金同等物は，連結財政状態計算書では，「現金及び現金同等物」として，現金と同一の項目に反映され，「現金及び現金同等物」の当期の変動額は，連結キャッシュ・フロー計算書に反映されます。

> キャッシュ・フロー
> ＝「現金及び現金同等物」の当期変動分
> ＝「現金及び現金同等物」の当期末残高－「現金及び現金同等物」の前期末残高

このストック情報とフロー情報との関係を示すと，**図表２－５**のとおりです。

図表２－５　現金及び現金同等物とキャッシュ・フロー

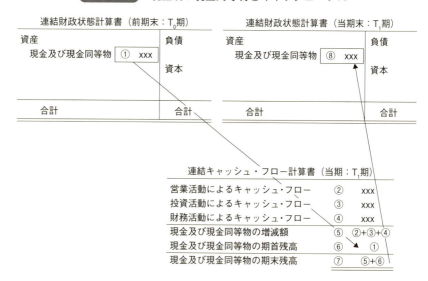

経営を安定化させるには，常に直近の経営活動に必要となる資金を十分に手元に確保している必要があり，その手元資金の実態を反映しているのが，「現金及び現金同等物」項目です。

一方，貸借対照表の流動資産に最初に計上される項目は，「現金・預金」です。現金同等物はこの項目には反映されず，「有価証券」項目に反映されます。

2-2-5　非流動資産の内訳

非流動資産は，有形固定資産，無形資産およびその他の長期金融資産から構成されています。たとえば，連結財政状態計算書に計上される主な非流動資産は，図表2－6のとおりです。

図表2－6　非流動資産項目

【連結財政状態計算書】

	前連結会計年度	当連結会計年度
資産		
非流動資産		
有形固定資産	xxx	xxx
のれん	xxx	xxx
のれん以外の無形資産	xxx	xxx
長期金融資産	xxx	xxx

　有形固定資産とは，企業などが長期にわたって利用または所有し，収益をもたらすことが期待される経済資源で，主に目に見える実体のあるものをいいます。具体的には，土地や建物，機械，車両，工具，器具，備品などです。

　無形資産とは，有形固定資産と同様に，企業などが長期にわたって利用または所有し，収益をもたらすことが期待される経済資源ですが，具体的な形がないものをいい，「法律上の権利」と「それ以外のもの」に分けられます。前者の「法律上の権利」には，特許権や実用新案権，意匠権，著作権，商標権，借地権（地上権含む），漁業権，鉱業権，後者は，のれん（営業権），ソフトウェア，電気通信施設利用権などがあります。のれんは，その企業独自の超過収益力を意味しますが，会計上は，他企業の買収や合併などに伴い，その対価を支払った場合にのみ資産として計上されます。

　その他の長期金融資産は，他の企業への資本参加を目的とする株式投資，長期の資産運用（利殖）を目的とする債券投資などが対象になります。

2-2-6　オフバランス項目

　将来に経済的便益をもたらす大部分の経済資源は，連結財政状態計算書およ

び貸借対照表に反映されていますが，一部の経済資源は反映されていません。そのような経済資源を「オフバランス」項目といい，主なものは次のとおりです。なおオフバランス項目については，連結財政状態計算書および貸借対照表の注記情報から，その実態を推定する必要があります。

① リース，レンタルによる経済資源

　企業が営業用に使用する店舗は，企業自らが所有しているケースもあれば，リースやレンタルのような賃貸のケースもあります。リースにより保有する経済資源のうち一部のリース財（これを「ファイナンス・リース」といいます）は，「有形固定資産」項目に反映されますが，その他のリース財（これを「オペレーティング・リース」といいます）は，オフバランスとなっています。

② 人的資源

　企業で働いている従業員は，他社との競争上の優位をもたらす最も重要な経済資源ですが，従業員は自己都合によりいつでも退職可能な契約状況にあり，企業が独占的に使用できる経済資源とはみなせないため，オフバランスとなっています。ただし，プロスポーツ選手のように，契約条項の中に，契約期間中に，自己都合による退職（退団）を禁止する条項が含まれている場合には，当該選手は，資産として計上されます。

③ 自己創設の無形資源

　他社から購入してきた無形資源は，「無形資産」項目に反映されますが，自社で開発した無形資源（これを「自己創設の無形資源」といいます）の大部分は，その経済価値を客観的に測定できないため，オフバランスとなっています。

2-3 負債の構成項目と表記法

2-3-1 負債の定義

企業の財政状態における「負債」とは，次のとおりです。

> 負債：過去の事象から発生した企業の現在の義務であり，これを決済することにより経済的便益を包含する資源が当該企業から流出する結果になると予想されるものをいう。

「経済的便益の流出」とは，現金の支払義務またはサービスの提供義務を負うことです。負債は，連結財政状態計算書では，「流動負債」と「非流動負債」項目に，貸借対照表では，「流動負債」と「固定負債」に区分して表示します。

2-3-2 流動負債の内訳

企業の主要営業循環において発生する負債は，すべて流動負債に反映し，商品を仕入れる段階で発生する対価の支払義務を反映した「買掛金及びその他の短期債務」が最も大きな割合を占めるのが一般的です。

2-3-3 非流動負債の内訳

営業循環に入らない負債は，1年基準に基づき流動負債と非流動負債に区分します。決算日から1年以内に決済期日を迎える負債は流動負債，1年以上の場合には非流動負債に区分します。営業循環に入らない負債の代表的な項目は，金融負債と引当金項目です。

金融負債には，金融機関からの長期にわたる資金の借入を反映した「長期金融負債」，投資家からの資金調達を反映した「社債」が主要項目です。

一方で，「引当金」とは，将来において発生する可能性の高い対価またはサービスの提供義務を反映した項目で，「退職給付債務」などが主要項目になります。

> **Column 2.2**
> **債務と負債の区分**
>   債務とは，法律用語で，将来において確実に履行しなければならない義務を意味します。たとえば，銀行からの借入金は，将来の約束期日に約束した金額を銀行に支払わなければならない義務であるため，債務となります。
>   一方で，負債とは，会計用語で，将来において履行される可能性が高い義務まで含む，債務よりも広い概念です。そのため，債務は，連結財政状態計算書の負債に，原則として反映されます。ただし，一部の債務は，負債に反映されず，オフバランスとなっている項目もあります。

2-4 資本の構成項目と表記法

2-4-1 資本の定義

企業の財政状態における「資本」とは，次のとおりです。

> 資本：特定の企業のすべての負債を控除した資産に対する残余の請求権をいう。

「資本」は，企業の経営基盤となる経済価値を反映し，企業の所有者である株主に帰属する経済価値を反映した項目です。この資本項目を反映する部分は，連結財政状態計算書では「資本の部」，貸借対照表では「純資産」という表記を使用します。ここに「純資産」とは，資産から負債を控除した項目と定義されます。このような表記となっているのは，資本の部（純資産の部）には，一部，資本とも負債とも明瞭に判断できない項目を含めているからです。

2-4-2 資本項目の内訳

資本は，企業の所有者である株主から出資（この取引を「資本取引」といいます）を受けた経済価値と，企業が経営活動（この取引を「損益取引」といいます）を通じて稼得した経済価値から構成されます。これらの経済価値は，最終的に株主に帰属することから，「資本」の部に次のように併記されます。

> 資本 ＝ 資本取引からの経済価値 ＋ 損益取引からの経済価値

連結財政状態計算書の資本および貸借対照表の純資産の主な項目は，**図表2－7**のとおりです。

図表2－7　資本および純資産の主要項目

【連結財政状態計算書】

		前連結会計年度	当連結会計年度
資本			
資本金*			
資本剰余金*	①	×××	×××
利益剰余金**	②	×××	×××
自己株式*	③	×××	×××
その他の資本の構成要素	④	×××	×××
親会社の所有者に帰属する持分	⑤	×××	①+②+③+④
非支配持分	⑥	×××	×××
資本合計	⑦	×××	⑤+⑥

【貸借対照表】

		前事業年度	当事業年度
純資産の部			
株主資本			
資本金*	①	×××	×××
資本剰余金*	②	×××	×××
利益剰余金**	③	×××	×××
自己株式*	④	×××	×××
株主資本合計	⑤	×××	①+②+③+④
評価・換算差額等	⑥	×××	×××
新株予約権	⑦	×××	×××
純資産合計	⑧	×××	⑤+⑥+⑦

*　：資本取引
**：損益取引

2-4-3　資本金および資本剰余金

　株主から出資を受けた経済価値は,「資本金」に反映するのが原則です。ここに「資本金」とは,株主からの出資分を反映した項目で,企業経営の存続基盤となる経済価値で,企業の利害関係者を保護する目的から,その設定が法的に厳密に規定され,容易には取り崩せない項目です。ただし,株主からの出資は,一部,資本金として計上しないで,「資本剰余金」として計上できます。資本剰余金は,資本金ほどには用途制限はないため,弾力的な経営をめざす企業では,その計上金額を多く設定するのが一般的です。企業グループの株主は,**図表2－8**のとおり,親会社株主と非支配株主(子会社の親会社以外の株主)から構成されます。

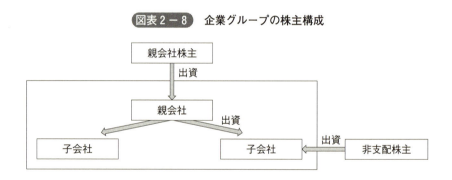

図表2－8　企業グループの株主構成

　連結財政状態計算書に反映される資本金は,企業グループの株主からの出資分が反映されますが,当該項目に反映される出資分は,企業グループの株主のうち,親会社株主からの出資分のみで,非支配株主からの出資分は,「非支配株主持分」項目に反映されます。

　一方で,貸借対照表に反映される資本金は,親会社の株主である親会社株主からの出資分であり,結果として,連結財政状態計算書および貸借対照表の資本金は,親会社株主からの出資分が反映され,双方の金額は一致します。

2-4-4　利益剰余金

　利益剰余金は,経営活動から稼得した利益のうち当期末までに企業内部に留保された利益部分が反映されます。連結財政状態計算書における利益剰余金は,

親会社およびすべての子会社が当期末までに稼得した利益のうち会社内部に留保された総額が反映され，貸借対照表の利益剰余金は，親会社単独で当期末までに稼得した利益のうち会社内部に留保されている金額が反映されます。

2-4-5　自己株式

　自己株式とは，自社が発行した株式を，証券市場での買付けや既存の株主から直接買い戻すことにより，保有している状態の株式をいいます。他社が発行した株式を保有している場合には，当該株式は，非流動資産（または固定資産）の長期金融債権に反映されるのに対して，同じ株式保有であっても，自社が発行した株式は，実質上，株主からの出資の払戻し効果があるため，資本のマイナス項目として反映します。

2-4-6　その他の資本要素

　連結財政状態計算書における「その他の資本の構成要素」および貸借対照表における「評価・換算差額等」に反映される項目は，企業が保有する資産・負債の期末評価プロセスにおいて発生する評価差額で，一般に，「その他の包括利益」といわれる項目です。

2-4-7　資本の変動額と連結持分変動計算書

　連結財政状態計算書の資本の部における前期末から当期末残高の金額の変動は，「連結持分変動計算書」に反映されます。この関係は，次ページの**図表2－9**のとおりです。なお，貸借対照表においては，純資産の前期末から当期末残高の金額の変動は，「株主資本等変動計算書」に反映されます。

図表2−9 連結財政状態計算書と連結持分変動計算書の関係

連結財政状態計算書 （前期末：T_0期）			連結持分変動計算書 （当期：T_1期）		連結財政状態計算書 （当期末：T_1期）	
資産	負債				資産	負債
	資本					資本
	資本金	① →	資本金当期変動分	④ →		資本金 ⑦ ＝①＋④
	資本剰余金	② →	資本剰余金当期変動分	⑤ →		資本剰余金 ⑧ ＝②＋⑤
	利益剰余金	③ →	利益剰余金当期変動分	⑥ →		利益剰余金 ⑨ ＝③＋⑥
合計	合計				合計	合計

2-5 Tableauを活用した財務報告分析

2-5-1　Case Study：資産の内訳比率

　Tableau Publicにおける「グローバル企業の財務情報」（Sec.2 財務諸表におけるストック情報）を開き，（小売業 Fast Fashion）の中からファーストリテイリングをクリックして下さい。同社の「現金及び現金同等物」の対総資産比率，および「有形固定資産」の対総資産比率の時系列分析を行いましょう。

　「現金及び現金同等物」の比率が高いのに対して，「有形固定資産」の比率は低い特徴を理解できたか確認しましょう。

2-5-2　Case Study：負債の内訳比率

　Tableau Publicにおける「グローバル企業の財務情報」（Sec.2 財務諸表におけるストック情報）を開き，（小売業 Fast Fashion）の中からファーストリテイリングをクリックして下さい。同社の「流動負債」の対総負債・資本比率および「非流動負債」の対総負債・資本比率の時系列分析を行いましょう。

　「流動負債」の比率が高く，「非流動負債」の比率が低い特徴を理解できたか確認しましょう。

2-5-3　Case Study：資本の内訳比率

　Tableau Publicにおける「グローバル企業の財務情報」（Sec.2 財務諸表におけるストック情報）を開き，（小売業 Fast Fashion）の中から数社を選択し

て下さい。

　各社の資本取引の構成要素（資本金と資本剰余金合計額）と損益取引の構成要素（利益剰余金）の金額の時系列分析をしてみましょう。

　成長性が高い企業においては，損益取引の構成要素の比率が継続的に増加している特徴を理解できたか確認しましょう。

演習問題

Q1　連結財政状態計算書における「資産」,「負債」および「資本」の定義について述べなさい。

Q2　経営危機の状態にある企業の連結財政状態計算書の特徴について説明しなさい。

Q3　資産の流動性配列法について説明しなさい。

Q4　鉄道会社や電力会社のように,保有する設備の規模が大きく経営に重大な影響をもたらしている企業では,どのような資産の計上方法を採用するか説明しなさい。

Q5　「負債」に計上される「引当金」について説明しなさい。

Q6　企業の重要な経営資源であるにもかかわらず,連結財政状態計算書に反映されない項目があるのはなぜか説明しなさい。

Q7　株式市場で上場しているプロサッカーチームの連結財政状態計算書には,所属する選手が資産として計上されている理由について説明しなさい。

Q8　「資本取引」と「損益取引」の相違について述べなさい。

Q9　連結財政状態計算書と連結損益計算書とは,どのような関係になっているか説明しなさい。

Q10　連結財政状態計算書と連結持分変動計算書とは,どのような関係になっているか説明しなさい。

第3章
財務諸表におけるフロー情報

3-1 フロー情報の形態

3-1-1 ストック情報とフロー情報の関係

　財務諸表におけるフロー情報とは，一会計期間における経営成績を反映し，前期末から当期末のストックの変動額が対応します。

　連結財務諸表では，フロー情報として，連結損益計算書，連結包括利益計算書，連結キャッシュ・フロー計算書および連結持分変動計算書が開示されます。この関係を示すと**図表3－1**のとおりです。

図表3－1 連結財務諸表におけるフロー情報

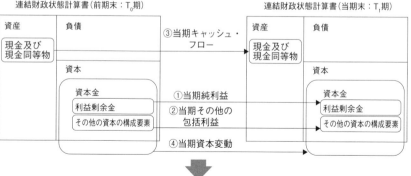

① 連結財政状態計算書における「利益剰余金」の前期末残高から当期末残高への変動の内訳が，連結損益計算書に反映されています。
② 連結財政状態計算書における「その他の資本の構成要素」の前期末残高から当期末残高への変動の内訳が，連結包括利益計算書に反映されています。
③ 連結財政状態計算書における「現金及び現金同等物」の前期末残高から当期末残高への変動の内訳が，連結キャッシュ・フロー計算書に反映されています。
④ 連結財政状態計算書における「資本」の前期末残高から当期末残高への変動の内訳が，連結持分変動計算書に反映されています。

一方で，個別財務諸表では，「損益計算書」と「株主資本等変動計算書」が開示され，包括利益計算書およびキャッシュ・フロー計算書は開示対象にはなっていません。この関係を示すと**図表3－2**のとおりです。

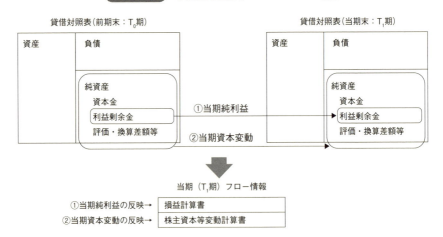

図表3－2 個別財務諸表におけるフロー情報

① 貸借対照表における「利益剰余金」の前期末残高から当期末残高への変動の内訳が，損益計算書に反映されています。
② 貸借対照表における「純資産」の前期末残高から当期末残高への変動の内訳が，株主資本等変動計算書に反映されています。

3-1-2　連結財務諸表における利益の算定方式

連結財務諸表に反映される「利益」とは，次の特性を有します。

> 利益：一会計期間における企業の経営活動の成果
> 　　　一会計期間における企業の株主に帰属する経済価値の増分

　一会計期間における企業グループ全体の利益は，連結損益計算書および連結包括利益計算書の双方に，経営活動別に計上されます。そのうち，連結損益計算書は，主要営業活動および金融活動の成果を反映し，最終的に「当期純利益」を算定する計算書です。一方で，連結包括利益計算書は，当期純利益に加えて，資産・負債の保有活動から生じる成果を加算して「包括利益」を算定する計算書です。この関係を示すと**図表3－3**のとおりです。

図表3－3　連結損益計算書と連結包括利益計算書の関係

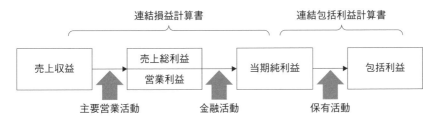

3-1-3　個別財務諸表における利益の算定方式

　個別財務諸表における損益計算書は，一会計期間における親会社単独の経営活動が対象で，**図表3－4**のプロセスを経て，個々の利益が算定されます。

図表3－4　損益計算書における利益概念

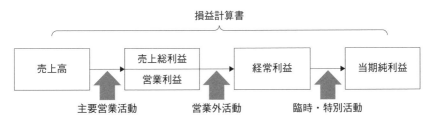

損益計算書には，連結損益計算書には算定されない固有の利益が計上されます。その利益が，「経常利益」で，毎期，経常的（定常的）に行われる経営活動を反映した利益概念で，当期に臨時的・特別に行われた経営活動は反映しません。経常利益は，日本基準固有の利益概念で，IFRSや米国基準など，グローバル企業が採用している主要会計基準では算定しません。

3-1-4　連結財務諸表におけるキャッシュ・フローの意義

連結キャッシュ・フロー計算書は，一会計期間における企業グループ全体の資金（キャッシュ）の収入額および支出額について，営業，投資および財務活動別に集計した財務表で，連結財政状態計算書の資産の部の「現金及び現金同等物」の前期末から当期末残高までの変動原因となったすべてのフロー情報が開示されています。

キャッシュ・フロー
　＝　「現金及び現金同等物」増加額　－　「現金及び現金同等物」減少額

現金同等物は，「容易に換金可能であり，かつ，価値の変動について僅少なリスクしか負わない短期投資」であり，取得日から3カ月以内に満期日（または償還日）が到来するコマーシャル・ペーパーなどが代表例となります。

3-1-5　連結および個別財務諸表における資本の変動

連結持分変動計算書とは，一会計期間における企業グループ全体の資本の変動について，主要な資本・利益取引の活動別に集計した財務表で，連結財政状態計算書の資本の部のすべての項目の前期末から当期末残高までの変動原因となったフロー情報が開示されています。

一方で，株主資本等変動計算書とは，一会計期間における親会社単独の純資産の変動について，主要な資本・利益取引の活動別に集計した財務表で，貸借対照表の純資産の部のすべての項目の前期末から当期末残高までの変動原因となったフロー情報が開示されています。

3-2　連結損益計算書の特徴

3-2-1　連結損益計算書の利益概念

　連結損益計算書は，企業グループ全体の一会計期間の経営活動の成果について，次の計算式から算定した利益を反映しています。

利益　＝　収益　－　費用

　ここに「収益」は，企業の経営活動を通じて稼得した経済価値をいい，「費用」は，その経済価値を稼得するために犠牲にした経済価値をいいます。

　たとえば，単価（100）で仕入れた商品を単価（120）で販売したとします。商品の仕入れに伴う対価の支払は現金で行い，一方で，商品の販売の対価の受領は，現金で行った場合（ケース1）と，受取手形で受領し当期末では現金回収はできていない場合（ケース2）を考えてみましょう。

　ケース1とケース2では，利益の計上額は同額になりますが，商品を販売した会計期間の正味現金の増加額は異なります。

- ケース1およびケース2の当期利益(20)＝収益(120)－費用(100)
- ケース1における現金正味増加額(20)＝現金受領額(120)－現金支出額(100)
- ケース2における現金正味増加額(－100)＝現金受領額(0)－現金支出額(100)

　収益および費用は，販売活動にともなう経済価値の変動分を反映しており，収益とは企業にプラスの経済価値をもたらす活動，費用はマイナスの経済価値をもたらす活動をいいます。また，商品売買の対価は，現金である必要はなく，売掛金・受取手形，買掛金・支払手形のような営業債権・債務も対象となります。そのため，ケース1とケース2では，販売活動が行われた会計期間の現金の増減額は異なりますが，企業にもたらした経済価値の増加額は同額であるため，利益の金額は等しくなります。

3-2-2　連結損益計算書の形態

連結損益計算書では，「売上収益」から「当期純利益」の算定まで，経営活動別の収益および費用を，図表3－5の形で開示します。

図表3－5　連結損益計算書の形態

【連結損益計算書】

		前連結会計年度	当連結会計年度
売上収益	①	xxx	xxx
売上原価	②	xxx	xxx
売上総利益	③	xxx	①－②
販売費及び一般管理費	④	xxx	xxx
その他収益・費用	⑤	xxx	xxx
営業利益	⑥	xxx	③－④±⑤
金融収益・費用	⑦	xxx	xxx
税引前当期純利益	⑧	xxx	⑥±⑦
法人所得税費用	⑨	xxx	xxx
当期純利益	⑩	xxx	⑧－⑨

3-2-3　売上総利益の算定

連結損益計算書の最初に計上される「売上収益」とは，「一定期間の企業の通常の主たる営業活動の過程で生ずる経済的便益の総収入」で，「売上原価」とは，当期に販売した商品を仕入れるために支払った対価を反映した費用項目です。この収益と費用の差額が，売上総利益です。

$$売上総利益 ＝ 売上収益 － 売上原価$$

売上総利益は，粗利（あらり）ともいい，企業の儲けの源泉となる指標で，企業の競争力の源泉を反映した財務指標です。

3-2-4　営業利益の算定

連結損益計算書において売上総利益の次に掲載される営業利益は，次の式に基づいて算定します。

> 営業利益 ＝ 売上総利益 － 販売費及び一般管理費 ± その他収益・費用

　ここに「販売費及び一般管理費」とは，販売活動に要した費用である「販売費」と，総務や企業全体を運営し管理するために要した費用である「一般管理費」を合算したものです。この費用項目は，売上収益獲得のために直接費やした費用ではないものの，毎期の営業活動を実施していく上で不可避の費用です。
　「その他収益・費用」項目とは，次の項目から構成されています。

> ① 期末時点で保有する営業債権・債務の評価額が，取引時点から決算時点までに変動したことにより生じた収益・費用項目……為替差損益等
> ② 営業活動のうち，通常のルーティーンの活動では生じない，臨時または特別な状況から生じた収益・費用項目……営業用固定資産の売却損益等

3-2-5　税引前当期純利益の算定

　連結損益計算書において営業利益の次に掲載される税引前当期純利益は，次の式に基づいて算定します。

> 税引前当期純利益 ＝ 営業利益 ± 金融収益・費用

　企業の金融活動とは，企業が経営活動に使用する資金の調達と運用に伴う活動をいい，企業が保有する金融資産・負債から当期に発生した損益は，連結損益計算書の「金融収益・費用」項目に反映されます。
　主な金融活動と，連結損益計算書の金融収益・費用項目は，次のとおりです。

① **資金の貸借取引から生じる利息**
　余剰資金の他社への貸付，金融機関からの資金の借入や投資家への社債発行による資金調達では，毎期，約定した利息の受け払いが行われます。それらの資金の運用・調達から当期に発生した利息は，「金融収益・費用」項目に反映されます。

② 保有株式から生じる受取配当金

　企業は，余剰資金の運用目的や他社への経営権の支配目的のために，他社の株式を多く保有しています。そのうち，他社の発行した保有株式から当期に受領した配当金は，連結損益計算書の「金融収益」項目に反映されます。ただし，自社の株式を保有する外部株主へ支払われる配当金は，株主総会（または取締役会）での分配活動として位置づけられ，金融活動の対象とはならず，「金融収益・費用」項目には反映されません。

③ 保有株式・社債の売却取引から生じる売却損益，減損損失

　企業が保有する他社の株式や社債などのうち，当期中に売却して発生した売却損益も，「金融収益・費用」項目に反映されます。

　また，期末時点で保有している株式・社債のうち，当期の市場価格が著しく下落をし，将来において回復する見込みがないと判断された場合には，減損損失として，「金融費用」項目にその価値下落分を反映します。これらの金融活動の成果は，各期の当期純利益の増減に大きな影響をもたらします。

Column 3.1

金融活動と財務活動の違いとは？

　連結損益計算書では，金融活動の成果として「金融収益・費用」が計上される一方で，連結キャッシュ・フロー計算書では，「財務活動からのキャッシュ・フロー」という項目があり，金融活動（Finance Activity）と財務活動（Financing Activity）はどのような違いがあるかが問題となります。双方は，いずれも，企業が経営活動に用いる資金を対象としている点は共通ですが，金融活動は，資金の調達とともに運用の側面も対象に含めているのに対して，財務活動は，資金の調達の側面に対象を限定している点が異なります。

3-2-6　当期純利益の算定

　連結損益計算書において税引前当期純利益の次に記載される当期純利益は，次の計算式に基づいて算定します。

$$当期純利益 = 税引前当期純利益 - 法人所得税費用$$

税引前当期純利益は，当期の営業活動および金融活動から生じた利益を反映した利益概念で，法人税等の税額控除前の利益です。

税引前利益の次に計上されるのが，「法人所得税費用」です。ここに「法人所得税費用」とは，企業が当期に支払った法人税，事業税および住民税が主な構成要素で，企業が支払う様々な税額のうち，会計上の利益（税法では「法人所得」に該当）を基礎として支払額が確定する税額です。一方で，企業が支払う税額のうち，課税の基礎（課税標準）が保有する固定資産等の税額は，「販売費及び一般管理費」に反映されます。

法人所得税は，税引前当期利益に法定税率を乗じて算定するのが原則です。ただし，税引前当期利益の金額がそのまま用いられるわけではなく，税引前当期利益に税法上の一定の調整を行って，次の計算式から算定します。

法人所得税 ＝ （税引前当期利益±税法上の調整額）　×　法定税率

連結損益計算書の当期純利益は，企業グループ全体，すなわち親会社から国内・海外の全子会社を含めたあらゆる経営活動を考慮した税引後の利益です。この利益が，株主への配当や役員への賞与の分配の源泉となり，株主総会（または取締役会）において，株主への配当額，役員への支給額等の具体的な分配方法を決定します。

Column 3.2

IFRS：非継続事業損益の区分表示

IFRSでは，企業において「非継続事業」がある場合には，その影響を開示することを定めています。ここに「非継続事業」とは，すでに処分されたか，売却目的として保有する資産として分類された企業の構成要素であり，次のいずれかの要件を満たすものをいいます。
① 独立の主要な事業分野または地域別営業単位であること
② 主要事業分野または地域別営業単位を処分する単位の計画の一部を構成するもの
③ 転売目的で取得した子会社であること

非継続事業が存在する場合には，連結損益計算書では，非継続事業から生じた利益と，継続事業からの利益を区分して開示します。

3-3　連結包括利益計算書の特徴

3-3-1　当期純利益と包括利益の関係

　企業グループの利益は，連結損益計算書に加えて連結包括利益計算書でも算定します。連結包括利益計算書では，当期純利益に加えて当期に発生した「その他の包括利益」を加減算して「包括利益」を算定します。

> 包括利益　＝　当期純利益　±　その他の包括利益

　ここに「包括利益」とは，ある企業の一会計期間において認識された資本の変動額のうち，当該企業の資本に対する持分所有者との直接的な取引によらない部分をいいます。さらに，「その他の包括利益」とは，企業が保有している資産・負債における市場価値の変動に伴う成果を反映し，たとえば，企業が保有している他社の株式から生じる評価差額がその代表的な例です。保有株式は，証券市場の変動に伴って，保有期間中にプラスの評価差額が発生したりマイナスの評価差額が発生し，その評価差額が，その他の包括利益に反映されます。
　連結損益計算書で計上される当期利益は，現金等の対価の増加を伴った利益（これを「実現利益」といいます）であるのに対して，その他の包括利益は，あくまで評価差額であって，市場で実際に売却して現金等の対価を受領した利益ではない点に特徴があります。

3-3-2　クリーン・サープラスと資本直入

　連結損益計算書の当期純利益は，連結財政状態計算書の資本の部の「利益剰余金」に反映されます。このプロセスを「クリーン・サープラス」といいます。
　一方で，連結包括利益計算書で算定される「その他の包括利益」は，連結損益計算書の当期純利益の算定には考慮されず，連結財政状態計算書では，資本の部の「その他の資本の構成要素」に反映されます。このプロセスを「資本直入」といいます。この関係を示すと，**図表3－6**のとおりです。

図表3-6 クリーン・サープラスと資本直入

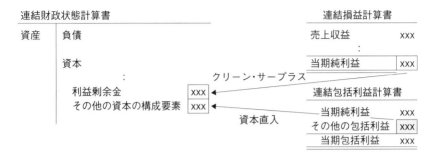

3-3-3 包括利益のリサイクル

その他の包括利益は，連結財政状態計算書の資本の「その他の資本の構成要素」に反映されますが，当期に反映した項目のうち一部は，将来において一定の条件を満たした段階で，連結損益計算書に振り替えられる項目があります。連結包括利益計算書では，その項目を「純損益に振り替えられる可能性のある項目」（この振替えを「リサイクル」といいます）と「純損益に振り替えられることのない項目」に区分して，**図表3-7**のように表記します。

図表3-7 連結包括利益計算書の内訳

【連結包括利益計算書】

		前連結会計年度	当連結会計年度
当期純利益	①	xxx	xxx
その他の包括利益			
純損益に振り替えられることのない項目	②	xxx	xxx
純損益に振り替えられる可能性のある項目	③	xxx	xxx
その他の包括利益合計	④	xxx	②±③
当期包括利益合計	⑤	xxx	①±④

連結包括利益計算書に反映される「純損益に振り替えられることのない項目」と「純損益に振り替えられる可能性のある項目」の具体的な項目を示すと，次のとおりです。

① **純損益に振り替えられることのない項目**
   ・「有形固定資産」および「無形固定資産」の再評価を行うケース
   ・「退職給付債務」の算定における一部項目の再測定を行うケース
   ・「金融資産・負債」の期末評価において自己の信用リスクに関わる変動分を測定するケース
② **純損益に振り替えられる可能性のある項目**
   ・在外子会社の換算において外国為替レート変動の影響を測定するケース
   ・金融資産について売却可能資産の期末評価を行うケース
   ・キャッシュ・フロー・ヘッジに該当する金融資産・負債の期末評価を行うケース

3-4 損益計算書の特徴

3-4-1 損益計算書の形態

親会社個別の経営活動を反映した損益計算書では，主要営業活動から生じた収益である「売上収益」から「当期純利益」の算定まで，経営活動別の収益および費用を，図表3－8の形で開示します。

図表3－8　損益計算書の形態

【損益計算書】

		前事業年度	当事業年度
売上高	①	×××	×××
売上原価	②	×××	×××
売上総利益	③	×××	①－②
販売費及び一般管理費	④	×××	×××
営業利益	⑤	×××	③－④
営業外収益・費用	⑥	×××	×××
経常利益	⑦	×××	⑤±⑥
特別損益	⑧	×××	×××
税引前当期純利益	⑨	×××	⑦±⑧
法人税等	⑩	×××	×××
当期純利益	⑪	×××	⑨－⑩

3-4-2　経常活動と非経常活動の区分

　連結損益計算書と損益計算書の主な違いは，経常利益の算定にあります。企業の経営活動の区分について，連結損益計算書では活動種類別の区分のみに対して，損益計算書では活動種類別に加えて活動の経常性も区分基準として設定しています。その結果，主要経営活動からの利益は，連結損益計算書と損益計算書では，図表3－9に示す違いがあります。

図表3－9　営業活動の経常性の区分

		連結損益計算書	損益計算書
主要営業活動	経常活動	営業利益に反映	営業利益に反映
	非経常活動		営業利益には反映しない
			経常利益算定後の特別損益項目に反映

　主要営業活動のうち非経常活動については，連結損益計算書では，販売費及び一般管理費の後に計上される「その他収益・費用」項目に，損益計算書では，経常利益の後に計上される特別利益項目に反映されます。

3-5　連結キャッシュ・フロー計算書の特徴

3-5-1　キャッシュ・フローの意義

　連結キャッシュ・フロー計算書は，一会計期間における資金（現金及び現金同等物の加算額）の収入・支出額について，営業，投資および財務の活動別に集計した財務表で，連結財政状態計算書の資産の部の「現金及び現金同等物」の当期の変動原因となったすべてのフロー情報が開示されています。

　連結キャッシュ・フロー計算書では，当期に発生したキャッシュ・フローについて，そのフローが生じた活動原因別に区分して，営業活動，投資活動および財務活動の3つの活動別のキャッシュ・フローを計上する形態をとり，図表3－10のように表記します。

図表3-10　連結キャッシュ・フロー計算書の内訳

【連結キャッシュ・フロー計算書】

		前連結会計年度	当連結会計年度
営業キャッシュ・フロー	①	xxx	xxx
投資キャッシュ・フロー	②	xxx	xxx
財務キャッシュ・フロー	③	xxx	xxx
現金及び現金同等物の増減額	④	xxx	①+②+③
現金及び現金同等物の期首残高	⑤	xxx	⑤
現金及び現金同等物の期末残高	⑥	xxx	④+⑤

3-5-2　営業活動によるキャッシュ・フロー

「営業活動によるキャッシュ・フロー」の区分には，主要商品の販売・購入による収入・支出，営業損益計算の対象となった取引，投資・財務活動以外の取引によるキャッシュ・フローが計上されています。

営業キャッシュ・フローは，営業活動から発生するキャッシュ・インフローとキャッシュ・アウトフローを直接計上するのではなく，当期利益の金額から営業活動に関わる資産・負債の変動額から間接的に，キャッシュ・フローを算定・表示する方法（間接法）を採用するのが一般的です。

間接法は，1年間のストックの変動から算定します。連結財政状態計算書における資産，負債，資本の間には，常に，資産（A）＝負債（L）＋資本（N）の均衡が成り立つため，1年間のストック変化額についても，同様の等式が成立します。この関係を示すと，**図表3-11**のとおりです。

図表3-11　間接法に基づく営業キャッシュ・フローの算定法

連結財政状態計算書（前期末：T_0期）

資産	負債
現金及び現金同等物：Ct_0	Lt_0
現金以外の資産：Ft_0	資本
	Nt_0

連結財政状態計算書（前期末：T_1期）

資産	負債
現金及び現金同等物：Ct_1	Lt_1
現金以外の資産：Ft_1	資本
	Nt_1

間接法：ストックの変動から営業キャッシュ・フローの算定

$$\triangle Ct + \triangle Ft = \triangle Lt + \triangle Nt$$
$$\triangle Ct = \triangle Lt + \triangle Nt - \triangle Ft$$

この等式における△Ctは営業キャッシュ・フロー，△Ntは当期純利益，△Ltは負債の変化額，△Ftはその他資産の変化額が該当するため，次のような書換えが可能です。

営業キャッシュ・フロー
　＝　当期純利益　＋　負債の変動額　－　その他資産の変動額

この等式に基づいて営業キャッシュ・フローを計上するのが間接法です。

連結キャッシュ・フロー計算書において間接法が採用される理由としては，財務諸表利用者からは，当期利益と営業活動からのキャッシュ・フローとの関連性が容易に把握することができるメリットがあるとともに，企業サイドでも，主要取引ごとに営業活動の収支に関連するデータを別途準備する必要がなくなり，実務上のコストを軽減できるメリットがあります。

3-5-3　投資活動によるキャッシュ・フロー

「投資活動によるキャッシュ・フロー」の区分には，企業が将来の利益獲得および資金運用のために設備投資や他企業に対する投資により，当期に支出したキャッシュと回収したキャッシュが計上されます。経常的に設備投資・更新を行っている企業では，投資活動による正味のキャッシュ・フローはマイナスとなる傾向にあります。

投資活動によるキャッシュ・フローの区分に計上される主な項目は，次のとおりです。

- 有形固定資産の取得・売却に伴う収入・支出
- 株式・債券の取得・売却に伴う収入・支出
- 貸付金による支出・回収
- 定期預金の増減に伴う収入・支出

3-5-4 財務活動によるキャッシュ・フロー

「財務活動によるキャッシュ・フロー」の区分には，営業活動および投資活動を維持するための，資金調達・返済により，当期に支出したキャッシュと回収したキャッシュが計上されます。たとえば，成長過程にある企業が，積極的な投資を継続している場合には，多額の資金調達を行うため，財務活動による正味のキャッシュ・フローがプラスになる傾向があります。

財務活動によるキャッシュ・フローの区分に計上される主な項目は，次のとおりです。

- 社債および借入金による資金調達と返済に伴う収入・支出
- 株式発行に伴う収入
- 配当金の支払いに伴う支出
- 自己株式の増減に伴う収入・支出

財務活動は，投資活動や営業活動と連動しているため，財務活動の増減については，関連する投資活動，営業活動の項目を見ながら総合的にその活動の適正性を判断する必要があります。

Column 3.3

フリー・キャッシュ・フロー（FCF）

キャッシュ・フロー分析で重視される指標として，「フリー・キャッシュ・フロー」（FCF：Free Cash Flow）があります。フリー・キャッシュ・フローとは，経営者の自由裁量の範囲で，企業の利害関係者に分配・提供可能なキャッシュを意味し，一般的に，次の式から算定します。

$$FCF = 営業CF + 投資CF$$

フリー・キャッシュ・フローの金額が増加傾向にある場合，その原因が営業キャッシュ・フローの増加にある場合には，企業価値を高めますが，投資キャッシュ・フローの減額が原因の場合には，将来の収益獲得能力の低下を招いている可能性があるため，必ずしも企業価値を高めることにはつながりません。

3-6　連結持分変動計算書および株主資本等変動計算書の特徴

3-6-1　連結持分変動計算書

　資本項目の前期末残高から当期末残高への変動の推移も，経営実態の把握には重要な情報であるため，連結財務諸表では，資本項目の当期変動を反映したフロー情報として，連結持分変動計算書が開示されます。同計算書は，連結財政状態計算書の資本の部の前期末残高から当期末残高までの変動原因別にそれぞれの増減額の原因要素別の金額を，**図表 3 − 12** のように表記します。

図表 3 − 12　連結持分変動計算書の形態

連結持分変動計算書

		資本金	…	非支配持分	資本合計	←「資本」の部の項目
前期末残高	①	xxx	xxx	xxx	xxx	
連結会計年度の変動額						
連結包括利益	②	xxx	xxx	xxx	xxx	
所有者との取引額	③	xxx	xxx	xxx	xxx	
当期変動額合計	④	②＋③	xxx	xxx	xxx	
当期末残高	⑤	①＋④	xxx	xxx	xxx	

　この計算書における縦軸には，当会計年度の資本の変動額が具体的項目別に掲示されています。そのうち当期の包括利益に影響をもたらした経営活動の内訳は，連結損益計算書および連結包括利益計算書にも反映されていますが，当期の資本取引（所有者との取引）については，連結損益計算書，連結包括利益計算書には反映されておらず，連結持分変動計算書においてのみで取引の実態を把握できます。特に自己株式の取得・処分，株主への剰余金の配当，経営者への株式報酬取引などの実態を把握する上で有用な情報となります。

3-6-2　株主資本等変動計算書

　個別財務諸表において当期の資本変動の内訳を反映した財務表は，「株主資本等変動計算書」といいます。個別財務諸表における貸借対照表では，資本に該当する部分は，「純資産」といい，その内訳は，「株主資本」，「評価・換算差

額等」および「新株予約権」に区分されています。「株主資本等変動計算書」は，純資産のうち，株主資本に該当する項目の前期末から当期末残高までの変動額が主要項目として反映されますが，さらに，評価・換算差額等，新株予約権の当期の変動額も反映するため，「株主資本等」という表記になっています。

3-7　Tableauを活用した財務報告分析

3-7-1　Case Study：当期純利益と包括利益

　Tableau Publicにおける「グローバル企業の財務情報」（Sec.3 財務諸表におけるフロー情報）を開き，（小売業 Fast Fashion）の中からファーストリテイリングをクリックして下さい。同社の「当期純利益」と「その他の包括利益」の金額の時系列分析を行い，双方の利益の相関性について分析してみましょう。

　当期純利益は，売上収益の増減に影響を直接的に受けますが，その他の包括利益は，為替レートや株式市場の変動のマクロ要因の影響を強く受ける点に特徴があり，双方の利益に直接的な相関性はないことが把握できます。

3-7-2　Case Study：キャッシュ・フロー情報

　Tableau Publicにおける「グローバル企業の財務情報」（Sec.3 財務諸表におけるフロー情報）を開き，（小売業 Fast Fashion）の中からファーストリテイリングをクリックして，同社のキャッシュ・フローの時系列分析を行いましょう。

　キャッシュ・フロー分析は，時系列の総額ベースでの変動を把握することに加えて，営業，投資および財務の活動別の把握が非常に重要です。特に安定した営業キャッシュ・フローの確保の可否，積極的な投資キャッシュ・フローと，その投資のための財務キャッシュ・フローの確保の実態把握は，企業の持続的成長の判断には不可欠です。

3-7-3　Case Study：当期純利益と剰余金配当

　Tableau Publicにおける「グローバル企業の財務情報」（Sec.3 財務諸表におけるフロー情報）を開き，（小売業 Fast Fashion）の中からファーストリテ

イリングをクリックして，同社の当期純利益と剰余金配当の時系列分析をして，配当性向を把握してみましょう。

　企業では，毎期計上した利益については，企業の所有者である株主に対して，配当という形で還元するのが原則です。その際，株主との継続的な安定した関係を構築するためには，毎期の配当額を当期純利益に対して一定割合に設定するか，当期純利益の変動にかかわらず毎期一定額を配当するかのいずれかの戦略をとるのが一般的です。

演習問題

Q1　連結損益計算書に計上される利益概念について説明しなさい。

Q2　売上原価と販売費及び一般管理費の相違点について説明しなさい。

Q3　非経常的な営業活動の取扱いについて，連結損益計算書と損益計算書の違いを説明しなさい。

Q4　営業利益と当期純利益の相違点について説明しなさい。

Q5　当期純利益と包括利益の関係について説明しなさい。

Q6　「その他の包括利益」に反映される具体的な項目について説明しなさい。

Q7　当期純利益は分配対象となる利益である理由について説明しなさい。

Q8　営業キャッシュ・フローの算定法における「直接法」と「間接法」について説明しなさい。

Q9　当社が支払う配当金と他社から受領した配当金は，連結キャッシュ・フロー計算書のどの項目に，それぞれが反映されるか説明しなさい。

Q10　フリー・キャッシュ・フローとはどのような概念か説明しなさい。

Ⅱ　オペレーティング・セクション

Operating Section

第4章　商品販売・サービス提供による収益認識
第5章　棚卸資産会計と営業利益
第6章　設備投資と有形固定資産会計

第4章 商品販売・サービス提供による収益認識

4-1 売上収益の計上時期

4-1-1 売上収益の認識要件

連結損益計算書で最初に計上される収益は,「売上収益」です。売上収益は,企業が行っている主要営業活動について,外部顧客の販売またはサービスの提供に対して,次の条件を満たした時点で,認識することを原則とします。

> ① 顧客に対する商品の引渡し,またはサービス提供
> ② 顧客からの対価の受領

対価の受領は,現金による受領ばかりでなく,「売掛金」,「受取手形」といった「営業債権」による受領もその対象になります。

収益認識において対価の受領を認識要件とする理由は,「分配可能利益」の算定目的にあります。ここに「分配可能利益」とは,企業が毎期計上する利益のうち,株主を中心とした利害関係者に対して,配当や賞与の形態で,現金による利益還元を行うことが可能な部分の利益をいいます。

経営者は,毎期の利益の最大化を図り利害関係者に適切に分配しなければならず,連結損益計算書(および損益計算書)では,その分配可能な利益の金額を算定します。

> **Column 4.1**
> **日本基準における実現基準**
> 　損益計算書において最初に計上される収益は,「売上高」です。この収益を認識する基準は,「実現」基準といい,「商品の引渡しの完了」と「対価の受領」の2つの要件を満たした時点となります。この実現概念とIFRSの収益認識の基本概念には大きな差はありません。

4-1-2　計算事例：実現利益と実現可能利益

　たとえば,単価(100)で仕入れた商品を単価(120)で販売したとします。商品の仕入れに伴う対価の支払も,商品の販売の対価の受領も,現金で行ったとします。このケースにおける収益,費用および利益は,次のとおりです。

- 実現利益(20)　=　収益(120)　-　費用(100)

また,当該商品販売に伴う正味の現金増加額は,次のとおりです。

- 現金正味増加額(20)　=　現金収入額(120)　-　現金支出額(100)

　このケースでは,実現利益と現金正味増加額の金額が一致するため,その利益相当額を株主に配当する場合には,現金の正味増加額で充当可能です。

　一方で,当期に他社の株式を(100)で取得して保有し,当期末の株価が(120)まで上昇し,含み益(20)が発生したケースを考えてみましょう。この株式については,外部に販売はせずに保有し続けているため,実現利益はゼロとなりますが,含み益分は,将来において外部に販売すれば実現可能となることから,「実現可能利益」といい,その金額は(20)となります。この利益は,実際には株式を売却していないため,正味の現金増加額はゼロであり,株主への配当を実施する原資は確保できません。

　連結損益計算書は,実現可能利益を当期純利益に含めないため,当期純利益は,分配可能な利益としての特徴があります。

4-1-3　連結財務諸表および個別財務諸表における売上収益の認識対象

　連結財務諸表では,企業グループと外部顧客との取引のみが売上収益の認識対象で,個別財務諸表では,企業グループ内の親会社と子会社との取引も認識

対象となります。この関係を示すと**図表4－1**のとおりです。

図表4－1 企業収益の認識対象

```
                                    連結損益計算書         損益計算書
┌──────────┐
│ 企業グループ │                   売上収益    ①+②    売上高   ①+③
│ ┌──────┐ │
│ │ 親会社 │─取引①─┐         連結財務諸表注記
│ └──────┘ │     ▼
│   取引③   │  ┌────┐      セグメント情報
│ ┌──────┐ │  │外部顧客│       外部顧客からの収益   ①+②
│ │ 子会社 │─取引②─┘         セグメント間内部収益   ③
│ └──────┘ │
└──────────┘
```

なお，連結財務諸表では，企業グループ内での親会社と子会社の取引は，外部顧客との取引ではなく，グループ内での内部取引となるため，連結損益計算書の売上収益の対象にはなりませんが，連結財務諸表注記の「セグメント情報」項目において「セグメント間内部収益」として取引金額が反映されます。

4-2 売上収益の認識と測定の基本原則

4-2-1 売上収益の認識時点

実際の経営活動の形態は，多種多様なものがあるため，個々の経営活動からの収益認識では，商品販売，サービス提供，企業財産の第三者による利用取引に区分して，**図表4－2**に示す要件を満たす必要があります。

所有に伴う重要なリスクおよび便益の買手（顧客）への移転とは，資産を所有する際には，その資産の価値下落リスクが生じます。その価値下落とは，市場価格の下落リスクや，物的摩耗や破損に伴う保守・修繕の追加コストの発生リスクなどが該当します。一方で，所有に伴う便益とは，当該資産の独占的使用をできるとともに，自己の意思により適時売却できることなどが該当します。

所有に伴う重要なリスクおよび便益が買手に移転する時点とは，個々の契約内容に応じ，引渡し，出荷，または検収時点などがあります。顧客による検収条件は，契約内容や顧客との取決めにより定められ，事前に取り決めた仕様を満たさない場合には，最終的な検収終了まで収益認識は繰り延べます。

図表4－2　売上収益の認識要件

		商品の販売	サービスの提供	企業資産の第三者による利用
①	商品の所有に伴う重要なリスクと経済的価値が買手に移転していること	○		
②	商品に対して，重要な継続的関与も有効な支配もないこと	○	○	○
③	収益の金額を信頼性をもって測定できること	○	○	○
④	経済的便益が流入する可能性が高いこと	○	○	
⑤	原価の額を信頼性をもって測定できること	○	○	
⑥	期末時点の進捗度を信頼性をもって測定できること	△	○	

注）商品の販売における△：工事進行基準の適用対象の商品のみ適用

4-2-2　収益の測定金額

認識対象となった取引は，次の計算式から売上収益を測定します。

売上収益
　＝　商品・サービスの公正価値　－　売上関連の税金　－　売上割戻し・値引き

ここに「公正価値」とは，独立した当事者間での通常の商取引において決定された価格をいい，売手または買手のいずれかが優位な立場にある場合の商取引における価格は反映されません。

この公正価値から控除する「売上関連の税金」とは，「売上税」や「消費税」といった販売時に一律計上される税金や，酒税やたばこ税といった特定の商品について販売時に計上される税額がその対象となります。さらに控除対象となる「売上割戻し」とは，一定期間に多額（または多量）の取引をした取引先からの売上代金の一部免除額をいい，「売上値引き」とは，量目不足，品質不良，破損などの理由による売上単価の切下げに係る減額分をいいます。

4-2-3　売上収益の総額（グロス）と純額（ネット）測定

通常の商取引では，仲介業者または代理人としての機能を果たす場合があり

ます。これらの取引における収益は，顧客から受け取る対価の総額（グロス）で測定する場合と，顧客から受け取る対価の総額から第三者に対する手数料その他の支払額を差し引いた純額（ネット）で測定する場合があります。ただし，グロスまたはネット，いずれの方法で表示した場合でも，売上総利益および当期利益に影響はありません。

収益をグロス表示かネット表示とするかの判定は，企業が取引の「主たる契約当事者」に該当するか，「代理人等」に該当するかの基準に準拠します。

売上収益の測定法
- 企業が「主たる契約当事者」に該当 → 総額（グロス）測定
- 企業が「代理人等」に該当 → 純額（ネット）測定

主たる契約当事者か代理人等かの判定は，財の販売および役務の提供に係る重要なリスクと便益のエクスポージャーについて，取引条件を個別に評価します。ある取引において，企業が主たる契約当事者に該当する具体的な基準は，次のとおりです。

- 商品（またはサービス）を顧客へ提供するか，注文を履行する第一義的な責任を有していること
- 顧客の注文の前後や物品の配送中，または返品された場合に在庫リスクを負っていること
- 直接または間接的に価格決定に関する裁量権を有していること
- 顧客に対する債権に係る顧客の信用リスクを負っていること

一方で，ある取引において，企業が代理人等に該当する具体的な基準は，次のとおりです。

- 提供したサービスの対価（コミッションまたは手数料）が一定であること
- 当社の対価が提供された物品および役務の価値に対して一定の割合を乗じることで算定されていること

> **Column 4.2**
> **総合商社における売上高計上**
> 　総合商社では，企業グループの販売実績として，連結損益計算書に計上した売上収益とは別に，「売上高」項目も開示しています。この項目は，総合商社が任意に開示しているもので，当該企業が主たる契約当事者として行った取引額とともに代理人等として関与した取引額も含めた金額です。「売上高」項目の開示は，日本の総合商社で，従来から開示されてきた販売実績を反映する指標ですが，連結損益計算書の「売上収益」の金額よりも，かなり大きな販売実績として報告されることが多く，財務諸表利用者は，いずれの指標が企業の経営実態を反映しているか，適宜，判断をする必要があります。

4-3　商品販売の収益認識

4-3-1　商品販売の形態

　商品販売に係る収益は，さらに個々の販売形態に基づいて収益認識は異なります。

---

① 卸売，小売，製造・加工を通じた商品の販売
② 不動産の販売
③ 長期請負工事契約

4-3-2　卸売，小売，製造・加工を通じた商品の販売

　卸売，小売，製造・加工を通じた商品の販売とは，次ページの**図表4－3**のとおりです。

　卸売業とは，企業が仕入れた商品の販売先が他の企業の場合における商品販売事業をいい，B to B（Business to Business）といいます。

　小売業とは，企業が仕入れた商品の販売先が最終消費者の場合における商品販売事業をいい，B to C（Business to Consumer）といいます。

　さらに，企業の中は，自社で商品企画をし，他社メーカーに製造委託をして，商品を一括仕入したうえで，外部顧客への販売をするケースもあります。近年，アパレル事業においてグローバル展開している企業のビジネスモデルを，SPA

図表 4 － 3　商品販売の形態

事業形態	事業活動				事業名称
卸売業	①商品仕入	→		②外部企業への販売	B to B ビジネス
小売業	①商品仕入	→		②一般顧客への販売	B to C ビジネス
製造小売業	①商品企画	→	②外部メーカー製造　委託商品一括仕入	→ ③一般顧客への販売	SPA ビジネス

ビジネスといいます。ここに「SPAビジネス」とは，(Specialty store retailer of Private label Apparel) ビジネスの略で，製造小売業ともいい，企画から小売までを一貫して行うアパレルのビジネスモデルを指します。消費者の嗜好の移り変わりを迅速に製品に反映させ，在庫のコントロールが行いやすいなどのメリットがあります。

4-3-3　不動産の販売

　土地，オフィスビル，マンション等の不動産の販売は，企業が取り扱う商品の中でも最も高額の取引であるとともに，最終消費者への販売が完了するまでに長期間を有するのが一般的であり，売上収益の認識時期は，通常の商品販売とは異なります。

　不動産の販売に係る売上収益は，次の一定の要件を完全に満たした段階で認識します。

① 売却資産の所有によるリスクおよび便益を取引により買手（最終消費者）に移転すること
② 所有権に関連する程度に不動産に継続関与せず，売却資産に対する事実上の支配も行わないこと
③ 収益の金額を信頼性をもって測定でき，取引に関連した経済的便益が企業に流入する可能性が高いこと
④ 取引に関して発生する費用が，信頼性をもって測定できること
⑤ 販売契約に従って，完成させる義務があるという重要な条項がないこと

たとえば，買手に対する保証条項があり，ある程度の継続的関与がある販売契約では，販売時に認識する収益は，継続的関与に関する公正価値で測定された見積損失額を減額します。

また，自社が不動産の建設段階から関与している場合には，建設工事中である不動産の所有権を支配する一方で，すでに，買手への販売契約が完了しており，所有権から生じるリスクおよび便益が，買手に移転していると判断できる場合には，売上収益を，不動産建設の進捗状況に応じて認識する「工事進行基準」により認識します。

4-3-4　長期請負工事契約

長期請負工事契約は，仕事の完成に対して対価が支払われる請負契約のうち，土木，建設，造船や一定の機械装置の製造等のほか，受注制作のソフトウェアなど，基本的な仕様や作業内容を顧客の指示に基づいて行う契約が対象となります。

工事契約等の成果を信頼性をもって見積り可能な場合，定額の長期請負工事契約等から生じる収益と原価は，「工事進行基準」によって認識します。

工事進行基準：工事収益総額，工事原価総額および各会計年度末における工事進捗度を合理的に見積り，これに応じて当期の工事収益および工事原価を計上する方法

当初の収益の見積り，完成までの進捗状況に変更が生じる可能性がある場合，見積りの見直しを行います。これらの見直しにより見積収益または見積原価が増減した場合，当該見直しを生じさせる状況が発生した会計期間に，これらの影響を反映します。

工事契約等の成果について信頼性をもって見積ることができない場合には，工事原価のうち，回収可能性が認められる範囲内で，工事収益を認識し，工事原価はそれらが生じた会計期間に費用として認識します。

- 工事収益（原則）

  工事収益 ＝ 請負金額 × $\dfrac{\text{当期実際発生原価}}{\text{実際発生原価累計額＋翌期以降発生原価見積額}}$

- 工事が完成・引き渡された会計期間における工事収益

  工事収益 ＝ 請負金額 － 過年度工事収益累計額

- 見積工事原価総額が修正された場合の工事収益

  工事収益 ＝ 請負金額 × $\dfrac{\text{実際発生原価累計額}}{\text{実際発生原価累計額＋翌期以降発生原価見積額}}$ －過年度工事収益累計額

実際発生原価と見積総原価は、少なくとも四半期ごとに見直すのが一般的です。なお、工事契約において予想損失が見込まれる場合には、見積りが可能となった会計期間において、その損失を認識します。

4-3-5　計算事例：工事進行基準

次の条件で長期請負工事を締結したとします。請負工事の第1期（T_1期）および第2期（T_2期）の収益は次のとおりです。

【条件】

- 工事期間：3年、契約請負価額：(30,000)
- 工事原価見積額：T_1期（5,000）、T_2期（7,000）、T_3期（8,000）

【T_1期の収益認識】

- T_1期では、工事実際発生原価も、当期末以降の原価見積額の変更もないとすると、T_1期の工事収益は、次のとおりです。

  T_1期の工事収益（7,500）＝

  請負金額（30,000）× $\dfrac{\text{当期実際発生原価(5,000)}}{\text{実際発生原価(5,000)＋翌期以降発生原価見積額(15,000)}}$

【T_2期の収益認識】

- T_2期では、工事実際発生原価は（8,200）となり、T_3期の原価見積額は（8,800）となった場合、T_2期までの工事収益累計額は、次のとおりです。

$$T_2期までの工事収益累計額(18,000) =$$
$$請負金額(30,000) \times \frac{実際発生原価累計額(13,200:T_1期5,000+T_2期8,200)}{実際発生原価累計額(13,200)+翌期以降発生原価見積額(8,800)}$$

T_2期の工事収益$(10,500)$ = T_2期までの工事収益累計額$(18,000)$ − T_1期の工事収益$(7,500)$

4-4 サービス提供の収益認識

4-4-1 サービスおよびその他の販売に係る売上収益

　企業がサービス提供を主要事業としている場合には，商品販売のような物的資源の引渡しとそれに伴う所有権の移転はないため，商品販売と異なる売上収益の認識基準が求められます。

　サービスの提供事業とは，業種業態によって広範囲の事業がありますが，その一例としては，ソフトウェアの開発・保守サービス取引，航空機・不動産・産業用機械等のリース取引，物流等のサービスを提供する取引などがあります。これらのサービス提供に係る収益は，契約に定められたサービスの提供が完了した時点で認識するのが原則です。

4-4-2 ソフトウェアの開発・保守に関連するサービス

　顧客の仕様に合わせ，情報システムの開発等に関連したサービスを行う契約では，工事進行基準に基づき，会計期末における取引の進捗度に応じて，売上収益を認識します。

　また，保守管理に係る収益は，保守管理契約期間にわたって認識する場合と，実際のサービスの提供に応じて認識する場合とがあります。

4-4-3 企業資産の第三者による利用に基づく売上収益

　企業の資産の第三者による利用とは，貸付金や無形資源などの利用による次の売上収益があげられます。

・　利息受領分……金銭の貸与から生じる「貸付金」からは，企業の現金及び現金同等物の利用に対する報酬が発生します。その報酬が，「受取利息」です。

- ロイヤルティ受領分……企業が保有する長期資産である，特許権，商標権，著作権，コンピュータ・ソフトウェアなどの利用に対する報酬が発生します。その報酬が，「ロイヤルティ」です。

4-4-4　複合取引の収益認識

収益の認識要件は，取引ごとに適用されますが，状況に応じて取引の経済的実態を反映するために，分割や結合が必要です。

① **分割が必要な場合**

単一の取引であっても，個別に識別可能な構成部分ごとに認識要件を適用する必要がある場合には，サービス提供部分の金額は繰り延べられ，サービスの提供される期間にわたり収益として認識します。たとえば，製品の販売価格が，製品，設備，ソフトウェア，取付けサービス，融資等の組み合わせによる複数要素を反映しているケースがあります。このような複数要素取引は，以下の基準がすべて満たされる場合，会計単位を分割します。

- 提供済みの要素が顧客にとって，単独で価値があること
- 客観的で信頼できる未提供の要素の公正価値の証拠があること
- 契約に提供済みの要素に関する一般的な返品権が含まれていた場合，未提供要素の提供が，事実上，当社の支配下にあり，提供する可能性が高いとみなされること

これらの基準が満たされない場合，収益はこれらの基準が満たされるか，あるいは，すべての未提供の要素が提供された時点でのいずれか早い時期まで繰り延べます。

契約に含まれる会計単位のすべてについて客観的で信頼性のある公正価値の証拠が存在する場合は，契約の対価は，それぞれの会計単位の公正価値に基づき，分割した会計単位に配分します。

② **結合が必要な場合**

経済的影響が連動する複数の取引が行われる場合には，その複数の取引を一体として認識要件を適用する必要があります。たとえば，企業は財を販売し，

同時に，その財を後日買い戻す契約を結び，その取引の実質的効果を打ち消す場合には，2つの取引を一体として取り扱います。

> **Column 4.3**
> ポイントを付与した商品販売
> 　小売店で商品の実際の販売価格は，店頭でつけられるもので，商品の正規の販売価格と一致するとは限りません。バーゲンのように値引きを行う場合や，後日の新たな商品購入時の代金に充当可能なポイント特典をつける場合もあります。
> 　ポイントを付与した商品販売には，商品販売の部分とポイント部分は，単一の取引ですが，個別に識別可能な構成部分ごとに分割可能と判断するケースと，分割できないと判断するケースがあります。前者の場合には，販売による受取対価の一部をポイントに配分し，収益の認識をポイントの利用による商品・サービスの提供時点まで繰り延べる方法をとります。一方で，後者の場合には，販売時に将来，ポイントの利用による財・サービスの見積コストを引き当てて，「ポイント引当金」を設定します。

4-5　フランチャイズ加盟店の収益認識

4-5-1　フランチャイズ加盟店からの収益認識

　顧客への販売方式には，直営店舗での販売，インターネットでの販売に加えて，企業とは直接の資本関係がない他の事業主体（フランチャイズ加盟店）とフランチャイズ契約により実施することがあります。

　フランチャイズ加盟店は，最終顧客からは，直営店と区分することは容易ではありませんが，企業とフランチャイズ加盟店は，別個の経営主体です。そのため，フランチャイズ加盟店の販売実績がそのまま企業の売上収益に反映されるのではなく，企業とフランチャイズ加盟店での取引関係からのみ売上収益の対象となります。

4-5-2　計算事例　フランチャイズ加盟店での売上収益

　A社では，直営店とフランチャイズ加盟店の双方で，商品を販売したとします。商品の原価は（70），店頭での販売価格は（100），A社はフランチャイズ加盟店に当期商品を（800：@80×10個）で販売し，年間フランチャイズ加盟

料（50）とともに加盟店から対価を受け取ったとします。そのうえで，当期は，商品を直営店で（20個），加盟店で（10個），合計で（30個），販売したとすると，このケースでの店頭での販売実績は次のとおりです。

　　商品の販売実績(3,000) = 商品(30個：直営店20個 + 加盟店10個) × 販売価格（@100）

この販売実績が，商品の販売元であるA社の売上収益に反映されると考えがちですが，実際のA社の売上収益は，次の式から計算されます。

　　A社の売上収益(2,850) = 直営店での販売実績(2,000：20個×@100) + フランチャイズ料50 + フランチャイズ加盟店への販売実績(800：10個×@80)

フランチャイズ加盟店は，A社の商品を販売しA社の直営店と同じブランドの同じ形態の店舗を展開していますが，A社とは独立した事業主体です。そのため，フランチャイズ加盟店については，A社と当加盟店との取引実績が，A社の売上収益に反映されます。

Column 4.4

コンビニエンス・ストアの3種類の販売実績

コンビニエンス・ストアには3種類の売上収益があるといわれています。
① コンビニエンス・ストアの経営主体である企業の商品の販売実績
② 全国のコンビニエンス・ストアのブランドをかかげている店舗で販売されている一品一品の販売高を加算したチェーン全店舗の販売実績
③ 電話代，電気代などの料金収納代行サービスの取扱金額

連結損益計算書の売上収益は，①とフランチャイズ店からのフランチャイズ料のみです。しかし，実際のコンビニエンス・ストアでの総取扱金額は，②と③も含めたものであり，連結財務諸表で公表されている金額の数倍の規模にのぼっています。

4-6　IFRS：収益認識の新会計基準

4-6-1　新会計基準設定の背景

現行の収益認識基準は，取引を①商品の販売，②サービスの提供および③企業資産の第三者による利用の3形態に区分して定めていますが，現状の企業の複雑な取引まで網羅した詳細なガイダンスがなく，適用上の問題点が指摘され

ていました。

そこで，IFRSの設定主体であるIASBと米国会計基準の設定主体であるFASBとが共同して，2014年にほぼすべての業種の取引を網羅した包括的な収益認識モデルを開発し，2018年1月1日以後開始する会計期間から適用されています。

4-6-2　新会計基準の特徴

新会計基準では，収益認識は「商品（またはサービス）を顧客へ移転した時点」において，「当該商品（またはサービス）と交換に企業が権利を得ると見込む対価を反映した金額」について，**図表4－4**の5つのステップに従って収益認識します。

図表4－4　収益認識の新基準

```
ステップ1  契約の特定化    ┐
  ↓                        ├ 収益単位の特定化
ステップ2  履行義務の識別  ┘
  ↓
ステップ3  取引価格の算定  ┐
  ↓                        ├ 収益金額の特定化
ステップ4  取引価格の配分  ┘
  ↓
ステップ5  履行義務の遂行に ┐
           基づく収益認識   ├ 収益認識時点の特定化
```

① 収益単位の特定化
- ステップ1：顧客との契約の特定化……強制力のある権利・義務関係が発生する契約が顧客との間で締結されていることを判断します。
- ステップ2：契約の履行義務の識別……複数の商品またはサービスを含む契約の場合，独立した履行義務として分離できるかを判断します。

② 収益金額の特定化
- ステップ3：取引価格の算定……商品やサービスの提供の対価として受領可能な金額を算定します。この金額の算定では，貨幣の時間価値，取引

に付随する様々な要因の影響を調整します。
- ステップ4：取引価格の履行義務への配分……取引価格を独立販売価格の比率に基づき，各独立した履行義務に配分します。

③ 収益認識時点の特定化
- ステップ5：履行義務の遂行に基づく収益認識……履行義務は，約束した商品（またはサービス）の支配を顧客に移転することにより，充足したことになり，その義務を遂行した時点で収益を認識します。その履行は，一時点で充足される場合もあれば，一定期間にわたり充足される場合もあります。

現行のIFRSの収益認識では，「リスクと経済価値の移転」の概念を使用していますが，新基準ではすべての場合，「支配」概念を使用します。たとえば，受注製造の場合，顧客が製造中の製品を支配するのは珍しくなく，このような場合，契約締結から一定期間にわたって収益を認識することになります。さらに，個々の取引の特性により，現行とは異なる収益認識が行われる可能性があります。

4-7 売上収益に対する引当金の設定

4-7-1 引当金の意義

商品販売やサービス提供における収益認識後には，その販売またはサービス提供に伴い新たな将来リスクが発生します。

その将来リスクとは，販売から発生する営業債権の回収可能性リスク，販売した製品の一定期間の製品保証を履行するための追加的コストの発生リスクおよび販売した商品が返品されるリスクです。

それらのリスクに対する財務的対応が，「引当金」の設定です。ここに「引当金」とは，次の要件を満たすものです。

- 過去の事象の結果として,現在の義務が発生していること
- 当該義務を履行するために,経済的便益をもつ資源の流出が必要となる可能性が高いこと
- 当該義務の金額について信頼性のある見積りができること

　引当金を設定する場合,当期の負担に属する金額を当期の費用（主に,「販売費及び一般管理費」に反映）とするとともに,当該引当金の残高を連結財政状態計算書（および貸借対照表）の資産の部または負債の部に反映します。

4-7-2　営業債権に対する貸倒引当金の設定

　商品の販売を通じて得た対価には,現金による対価の受領ばかりでなく,売掛金や受取手形といった営業債権の受領でも売上収益の認識の対象となります。

　商品の販売対価を営業債権で受領した場合には,その債権の決済期日は,数週間後また数カ月後になり,企業が実際に現金を受領するのは,販売期日から一定期間経過後になります。当期に販売した商品のうち,決算日時点において現金回収が完了していない営業債権の残高は,連結財政状態計算書では「売掛金及びその他の短期債権」項目,貸借対照表では「受取手形及び売掛金」項目に反映されています。

　これらの営業債権のうち,企業が現金で回収できないリスクのことを貸倒れリスクといいます。貸倒れリスクが高まれば,企業の商品の販売は好調にもかかわらず最終的に現金を回収できない金額が高まることになり,企業経営に重大な影響をもたらします。

　連結財政状態計算書（および貸借対照表）における貸倒引当金設定後の営業債権の計上額は,次のようになります。

```
営業債権の期末計上額 ＝ 営業債権の期末残高 － 貸倒引当金
```

4-7-3 製品保証引当金の設定

　製品保証引当金とは，製品の販売に際して，販売後，無償保証契約や瑕疵担保責任などによって，翌期以降に一定期間発生する保証費用に備えて計上される項目をいいます。製品保証に関する費用は，実現可能性が高く，かつ合理的な見積りが可能である場合に認識します。

4-7-4 返品調整引当金の設定

　返品調整引当金は，当期に売り上げた商品につき，契約に基づき次期以降に買戻しを行う場合において，返品が予想される商品の利益部分について設定された引当金です。返品調整引当金の計上が認められるのは，出版業（出版物取次業），製薬業（医薬品卸売業）など製品・商品の販売に際して，無条件に返品を受け入れるような取引慣行のある業種や取引形態に限られます。

　返品調整引当金の計上金額は，当期に販売した製品・商品のうち，翌期に返品されると予想される部分の販売益に相当する金額です。

　返品調整引当金は，当期に計上された販売益が翌期の返品によりマイナスとなることに対する引当金ですので，返品調整引当金繰入額および戻入額の表示個所は，売上総利益の下となります。

4-8　Tableauを活用した財務報告分析

4-8-1　Case Study：商品販売による売上収益

　Tableau Publicにおける「グローバル企業の財務情報」(Sec.4 商品販売・サービス提供による収益認識) を開き，（総合商社）の中から「伊藤忠商事」をクリックして下さい。同社の売上収益について，総額ベースと純額ベースの売上収益の時系列分析を行いましょう。

　日本では，従来から受託サービスの契約総額にて収益認識をする商慣習が，一部の業種において存在しています。その代表例は，総合商社です。総合商社では，他社の依頼を受けて，海外での資源の買付けおよび輸送業務の受託業務を行った場合，受託業務サービスの対価相当額，純額主義ベースで「売上高」を計上するとともに，その受託契約総額を収益とする，総額主義ベースで，別途，「収益」項目も補足情報として計上し，実質，2種類の売上収益の金額を

開示しています。

4-8-2　Case Study：サービス提供による収益認識

　Tableau Publicにおける「グローバル企業の財務情報」(Sec.4 商品販売・サービス提供による収益認識) を開き，(総合商社) の中から数社をクリックして下さい。比較対象企業のサービス提供による収益の時系列分析を行いましょう。

　総合商社の主要業務は，自社での商品販売とともに，サービス提供およびロイヤルティ取引による収益も多くの比率を占めております。主要総合商社のクロス・セクション分析により，サービス提供による収益の比率を比較することで，個々の商社の実態を把握できます。

4-8-3　Case Study：フランチャイズの売上収益

　Tableau Publicにおける「グローバル企業の財務情報」(Sec.4 商品販売・サービス提供による収益認識) を開き，(小売業 コンビニエンスストア) の中から数社をクリックして下さい。比較対象企業の売上収益の実態分析として，売上収益のうちフランチャイズ加盟店からの売上収益の比率を把握してみましょう。

演習問題

Q1 収益認識における実現概念について説明しなさい。

Q2 実現利益と実現可能利益の相違点を説明しなさい。

Q3 収益認識における「商品の所有に伴う重要なリスクと経済価値の移転」について説明しなさい。

Q4 売上割戻しと値引きの異同点について説明しなさい。

Q5 売上収益における総額表示と純額表示について説明しなさい。

Q6 SPAビジネスの特徴について説明しなさい。

Q7 工事進行基準の適用対象となる事業と具体的な収益認識の方法について説明しなさい。

Q8 営業債権に対する貸倒引当金を設定する理由と具体的な設定方法について説明しなさい。

Q9 ポイントを付与した商品販売における売上収益の認識方法について説明しなさい。

Q10 フランチャイズ加盟店からの売上収益の認識方法について説明しなさい。

第5章
棚卸資産会計と営業利益

5-1 原価配分と期末有高の計算

5-1-1 原価配分の意義

　連結損益計算書の売上収益の次に計上される項目が，「売上原価」です。ここに「売上原価」とは，当期に販売した商品の仕入価格を反映した費用項目です。ある商品を（100）で仕入れて（120）で販売したとすると，「売上収益」が（120），「売上原価」が（100）となります。ただ，実際の販売活動では，常に一定規模の在庫を抱えているため，実際の売上原価は，期首時点の在庫と期末時点の在庫を考慮して，図表5－1のプロセスから算定します。

図表5－1　商品のインプットとアウトプットの関係

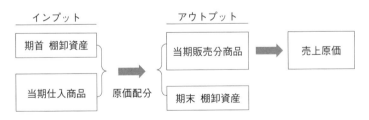

　「期首　棚卸資産」は，前期の連結財政状態計算書における「棚卸資産」，「当期仕入商品」は，当期中に仕入れた商品の取得原価総額が対応します。ここに商品の取得原価とは，次の計算式から算定します。

商品の取得価額　＝　購入の代価　＋　付随費用

ここに「付随費用」とは，主に次の項目が該当します。
① 買入事務，検収，整理，選別，手入れ等に要した金額
② 販売所等から販売所等へ移管するために要した運賃，荷造費等の金額
③ 特別の時期に販売するため，長期の保管に要した金額

5-1-2 払出数量・単価の計算

企業では，継続して同一の商品を大量に仕入・販売しており，その仕入価格は絶えず変動するとともに，どの時点で仕入れた商品が，どの時点で販売されたかを把握することは困難です。そのため，その商品の流れは，インプット（期首在庫と当期仕入高の合計）とアウトプット（売上原価と期末在庫の合計）との関係について一定の仮定を置いて把握します。

> - 平均法……異なる時期に仕入れた商品が平均的に販売されると仮定して，当期の売上原価と期末の棚卸資産の金額を算定する方法
> - 先入先出法……先に仕入れた商品が先に販売されると仮定して，当期の売上原価と期末の棚卸資産の金額を算定する方法

企業では，経営実態を勘案して双方のいずれかの選択が可能です。さらに，多品種の商品を大量に取り扱う一部の小売業では，「売価還元法」という棚卸資産の評価法を採用する企業もあります。

5-1-3 計算事例：平均法と先入先出法

期首に商品が10個（単価：@10）あり，当期に30個仕入れ（単価：@12），当期中に30個を販売（販売単価：@15）したとします。この事例の売上原価および期末棚卸資産の金額を，平均法と先入先出法で計算すると次のとおりです。
① 平均法
売上原価(345) = (@10×10個 + @12×30個) ÷ 40個 × 30個
期末棚卸資産(115) = (@10×10個 + @12×30個) ÷ 40個 × 10個
② 先入先出法
売上原価(340) = @10×10個 + @12×20個

期末棚卸資産(120) ＝ ＠12×10個

　先入先出法を採用している場合，期首から商品価格が上昇しているケースでは，廉価の期首段階の仕入価格は売上原価に反映され，期末在庫は価格上昇後の仕入価格の影響を受けます。したがって，商品の仕入価格の変動がある場合では，計算方法の違いにより，期末棚卸資産と売上原価の金額が異なります。

5-1-4　売価還元法

　小売業では，棚卸資産の評価方法として「売価還元法」が用いられることがあります。ここに「売価還元法」とは，小売業等多くの品目を取り扱っており，品目別の原価で評価することが難しい場合に，棚卸資産のグループごとにその売価合計額から原価合計額を計算する方法で，取扱品種の極めて多い小売業等の業種において適用されます。具体的には，次の計算式によりグループごとの原価率を計算し，期末売価合計額に乗じることで期末棚卸資産の評価額を算定します。

$$\text{期末の棚卸資産の評価額} = \text{期末商品売価} \times \text{平均原価率}^{*}$$

$$(^{*}\text{平均原価率} = \frac{\text{原価}}{\text{売価}})$$

　たとえば，A商品の棚卸高が売価ベース（7,000）であったとします。この商品の1個当たりの原価は（＠80），売価は（＠100）であったとすると，当商品の原価率および期末商品棚卸高は，次のとおりです。

原価率（0.8）＝ $\frac{80}{100}$

A商品の期末評価額（5,600）＝ 7,000 × 0.8

　なお，売価還元法を採用した場合，売上原価は，インプット（期首在庫と当期仕入高）の合計額から棚卸資産の期末評価額を控除して算定します。

5-2　製造原価の計算

5-2-1　原材料費，労務費，経費の意義

　自社で製品を製造・加工して販売する製造業（メーカー）では，連結損益計算書（および損益計算書）に反映される売上原価は，当期に販売した製品を製

造するために投下したコストを反映しています。そのコストを「製造原価」といい，主に次の3つの要素から構成されます。

① 原材料費

原材料とは，何の加工もしない素材に加えて，機械・器具類の組立ての一部として使う部品，製造工程の途中にあり，まだ完成していない品である仕掛品も含まれます。原材料から発生する費用は，前期末に残っていた材料費と今期に仕入れた材料費を加算し，今期末に残った原材料を控除して算定します。

② 労務費

当期において製造に携わる従業員たちの人件費の総額が集計されます。人件費には，給料・賞与をはじめ，社会保険料などの会社負担額（法定福利費）や従業員の昼食代（福利厚生費）などが含まれます。

③ 経費

製品を製造するには，場所（土地・建物）を確保し，製造するために必要な機械や設備を置いて，軽工具類を用いて作業し，また，工場の中の照明や水，生産途中で発生する廃棄物なども発生します。これらにかかる費用のすべてが「経費」として当期経費に計上されます。

5-2-2 製品製造原価の算定プロセス

原材料費の算定から製造原価の算定，さらに連結損益計算書（および損益計算書）における製品の売上原価の算定プロセスは，**図表5－2**のとおりです。

図表5－2　製造原価と期末棚卸資産

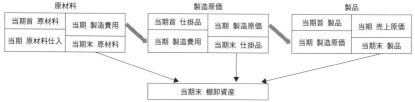

連結財政状態計算書における「棚卸資産」項目には，当期末の原材料，仕掛品および製品の残高が合算して計上されています。

一方で，貸借対照表では，これら棚卸資産を，「商品・製品」項目，「仕掛品」項目および「原材料・貯蔵品」項目に区分して開示します。

5-2-3 製品製造原価明細書

当期の製品製造原価は，損益計算書において「製品製造原価明細表」が開示されることがあります。その形態は，**図表5－3**のとおりです。

図表5－3　製品製造原価明細表の形式

区　　分		前事業年度		当事業年度	
		金額	構成比(%)	金額	構成比(%)
Ⅰ　材料費	①	xxx	xxx	xxx	xxx
Ⅱ　労務費	②	xxx	xxx	xxx	xxx
Ⅲ　経費	③	xxx	xxx	xxx	xxx
当期総製造費用	④	xxx	xxx	①+②+③	xxx
仕掛品期首たな卸高	⑤	xxx	xxx	xxx	xxx
合計	⑥	xxx	xxx	④+⑤	xxx
仕掛品期末たな卸高	⑦	xxx	xxx	xxx	xxx
当期製品製造原価	⑧	xxx	xxx	⑥-⑦	xxx

Column 5.1

製造原価明細書の開示

　製造原価明細書は，従来は個別財務諸表の注記において開示対象となっていましたが，2014年3月期から，連結財務諸表でセグメント情報を注記している場合には，免除されるようになっています。

　製造原価明細書は，財務諸表利用者は，企業の損益分岐点分析や付加価値分析の手がかりとなり，特に親会社での製品の製造比率が高い企業では，セグメント情報以上の有用な情報を提供するものでした。しかし，親会社単独で製品を製造することが少なくなってきていること，複数の製品を製造している場合には，単独の製品製造原価明細書では，個々の製品のコスト構造を正確に把握することは困難なこと，連結財務諸表情報を重視し，個別財務諸表情報は簡素化する傾向が強いことなどの理由から，製造原価明細書の開示は，連結上でセグメント情報を開示している場合には開示対象から外されることになりました。

5-3 棚卸減耗損と商品評価損

5-3-1 棚卸資産の期末手続き

　棚卸資産の期末残高は，会計期間中の仕入れと販売活動の日々の記録から算定することが可能です。しかし，そのプロセスでは，一部の棚卸資産は，何らかの理由で減失・消滅してしまい，会計期末の実際の残高は，記録残高から乖離しているのが一般です。さらに，期末時点で保有している棚卸資産は，取得時点から経済的価値が変動しています。これらの実際数量の減少分の把握と経済価値変動の把握を行うのが，棚卸資産の期末手続きです。

5-3-2 棚卸減耗損

　棚卸資産は，期中に盗難や破損などの要因により一部が減失したり，液体の自然蒸発などの要因により一部が消滅したりして，会計期末の実際の残高は，記録残高から目減りしているのが一般です。この乖離分を，「棚卸減耗損」といい，次の計算式から算定します。

> 減耗量　=　(帳簿棚卸数量　－　実地棚卸数量)　×　原価
> 棚卸減耗損　=　減耗量　×　棚卸資産(単位)原価

　棚卸減耗損は，連結損益計算書では，「売上原価」に反映しますが，損益計算書では，許容範囲内の量であるか，あるいはそれを超える量であるかによって，毎期，経験的にある一定量生ずる正常な減耗と異常な減耗に区分して，**図表5－4**のように反映します。

図表5－4　損益計算書における棚卸減耗損の計上方法

		製造原価	売上原価	販売費	営業外費用	特別損失
原価性あり	商品・製品		○	○		
	原材料	○				
原価性なし	原則					○
	例外(僅少)				○	

5-3-3 商品評価損

　当期の会計期末に保有する棚卸資産は，取得原価をもって評価額とすることを原則とします。しかし，期末時点における当該資産の正味実現可能価額が取得原価よりも下落している場合には，正味実現可能価額をもって期末評価額とし，取得原価からの下落分は，「商品評価損」として当期費用として処理します。この関係を示すと，次のとおりです。

> - （取得原価　＜　正味実現可能価額）のケース
>   　　当会計期末の棚卸資産の評価額　＝　取得原価
> - （取得原価　＞　正味実現可能価額）のケース
>   　　当会計期末の棚卸資産の評価額　＝　正味実現可能価額
>   　商品評価損　＝　取得原価　－　正味実現可能価額

　なお，「正味実現可能価額」とは，通常の事業活動における販売によって実現すると見込まれる金額から，販売までにかかる見積費用を控除した金額を意味します。正味実現可能価額が下落する原因としては，主に次の２つの要因があげられます。

> - 市場価格の下落……資産の市場での需給関係の変動による市場価格の下落が生じたケース
> - 物理的劣化……資産自体の品質低下や陳腐化といった価値下落が生じたケース

　一方で，商品評価損については，連結損益計算書では，売上原価に反映することを原則としますが，損益計算書では，経常的な範囲内のものと臨時かつ多額の評価損を区分して，図表５－５に示す形で計上します。

図表５－５　損益計算書における商品評価損計上方法

	売上原価	販売費	営業外費用	特別損失
通常の評価損	○			
臨時かつ多額の評価損				○

> **Column 5.2**
> **低価法と強制評価減**
>
> 　日本基準では，棚卸資産の期末評価は，「低価法」と「強制評価減」の2つの評価法を用いていました。ここに「低価法」とは，会計期末日における時価と取得原価を比較し，いずれか低いほうの額で評価する方法であり，その適用は任意でした。一方で，「強制評価減」は，時価が取得原価より著しく下落した時は，回復する見込みがあると認められる場合を除き，時価をもって期末評価額とする処理方法です。
> 　現行では，商品評価減は強制適用ですので，正味可能価額が取得原価を下回る状況では，ただちに商品評価減が計上されます。過去に，「低価法」と「強制評価減」の2つの評価法が併用されていた会計期間では，同じ状況でも，低価法の適用をせず，価値下落の回復見込みがあると判断すれば，商品評価損は計上されませんでした。

5-4　販売費及び一般管理費項目

5-4-1　「販売費及び一般管理費」の計上項目

　連結損益計算書（および損益計算書）において，売上原価の次に計上される費用項目が，「販売費及び一般管理費」です。ここに「販売費及び一般管理費」とは，販売活動に要した費用である「販売費」と，総務や企業全体を運営し管理するために要した費用である「一般管理費」を合算したものです。この費用項目は，売上収益獲得のための直接的な費用ではないものの，毎期の営業活動を実施していく上で不可避の費用であり，具体的には，次のような項目が計上されています。

・　広告費……マスコミ媒体を通じた広告宣伝，物品の販売奨励・促進費
・　地代家賃，減価償却費……販売店舗，管理施設の使用料
・　人件費……店舗の販売員，本社のスタッフ等，販売・管理活動に従事している人件費
・　研究開発費……新製品，新技術等の開発のために要した費用

　なお，地代家賃と減価償却費の区分は，使用している店舗・施設が，リースによる賃貸物件か自社所有の違いにあります。リースの場合には，毎期に支払うリース料が地代家賃項目に反映され，自社所有の場合には，会計上の減価償

却方法により算定した金額が減価償却費として計上されます。

5-4-2 販売・管理活動のコントロール

販売費及び一般管理費は，売上収益に連動して容易にその金額を調整することが困難な項目であることが多いため，売上収益の下落時には，短期的に費用規模を縮小できず，営業利益の急激な悪化要因になる可能性があります。そのため，販売費及び一般管理費は管理が難しい費用項目です。

5-4-3 その他収益・費用

連結損益計算書では，「販売費及び一般管理費」の次に，「その他収益・費用」項目が計上されます。ここに「その他収益・費用」に反映される主な項目は，次のとおりです。

① 期末時点で保有する営業債権・債務の評価額が，取引時点から決算時点までに変動したことにより生じた収益・費用項目

この項目の主なものは，「為替差損益」です。海外で商品を売買した際に生じる外貨建営業債権・債務については，取引時点から決算時点での間に為替レートが変動することにより，円換算額が変動します。その変動額は，「為替差損益」といいます。

② 営業活動のうち，通常のルーティーンの活動では生じない，臨時または特別な状況から生じた収益・費用項目

この項目の主なものは，固定資産売却損益，固定資産やのれんから生じる減損です。固定資産の売却損益とは，当期まで営業活動に実際に使用していた土地，建物等を売却したことから生じる損益で，営業活動のリストラ，縮小に伴って発生する損益項目です。一方で，固定資産およびのれんの減損とは，過去に投資した金額を，経営環境の悪化により回収できない状況が発生した場合に，資産価値を引き下げることにより生じる損失項目です。これらは，経常的な営業活動では生じない項目です。

5-5　営業利益の内訳

5-5-1　売上総利益と営業利益の算定法

　連結損益計算書（および損益計算書）では，主要営業活動からの利益指標として，「売上総利益」および「営業利益」を計上しています。

```
売上総利益 ＝ 売上収益 － 売上原価
営 業 利 益 ＝ 売上総利益 － 販売費及び一般管理費 ± その他収益・費用
```

5-5-2　売上総利益率

　売上総利益は，粗利（あらり）ともよばれ，企業の儲けの源泉となる指標で，企業の競争力の源泉を反映した財務指標です。ただし，売上総利益の金額は，売上収益の規模に連動して変動するため，企業の競争力を判断するには，次の式から算定される売上総利益率の財務指標が有用です。

$$売上総利益率 = \frac{売上総利益}{売上収益} = \frac{売上収益 － 売上原価}{売上収益}$$

　売上総利益率からは，商品の単位当たりの利益率を反映したものであり，1個の商品を販売したことにより，販売金額の何パーセントの儲けがあったのかを把握できます。

　売上総利益率は，商品単位当たりの売上収益額が変動するか，売上原価が変動することにより，毎期の利益率は変動します。売上総利益率が上昇している場合は，商品の販売価格を値上げして売上収益を上昇できたケースまたは商品の仕入価格を安くすることができて売上原価を低減できたケースです。一方で，売上総利益率が下落している場合は，商品の販売価格が下がっているケースか，商品の仕入価格が上昇しているケースです。

Column 5.3
為替レートの変動による売上総利益率への影響

　海外市場での商品の仕入・販売比率の高いグローバル企業では，毎期の売上総利益率は，為替レートの影響を強く受けます。海外市場での商品の仕入・販売では，親会社の国の通貨とは異なる外国通貨ベースで取引を行われることが多く，それらの取引では，売上収益や売上原価の認識において，外国通貨ベースでの取引金額を親会社の本国通貨に換算する必要があります。

　たとえば，A社では，国内にて60円で仕入れた商品を，米国にて1ドルで販売し，米国での販売価格決定において想定した為替レートは（100円／ドル）であったとします。そのうえで，実際の商品販売時の為替レートが想定為替レート（100円／ドル）のままであった場合を（ケース1），実際の販売時の為替レートが円高にシフトして（90円／ドル）となった場合を（ケース2）とすると，双方のケースでの売上総利益率は，次のようになります。

（ケース1）　売上総利益率 = $\dfrac{売上総利益^{**}（40円）}{売上収益^{*}（100円）}$ = 40%

　　　　　*売上収益 = 1ドル×（100円／ドル）=（100円）
　　　　　**売上総利益 = 売上収益（100円）－売上原価（60円）=（40円）

（ケース2）　売上総利益率 = $\dfrac{売上総利益^{**}（30円）}{売上収益^{*}（90円）}$ = 33%

　　　　　*売上収益 = 1ドル×（90円／ドル）=（90円）
　　　　　**売上総利益 = 売上収益（90円）－売上原価（60円）=（30円）

　（ケース2）のように，実際の販売時の為替レートが円高にシフトした場合は，売上総利益率は下落し，逆に円安にシフトした場合には，売上収益の換算金額が増え，その分，売上総利益率も上昇します。

5-5-3　営業利益率

　営業利益は，企業の営業活動の効率性を反映した財務指標です。ただし，営業利益の金額は，売上収益の規模に連動して変動するため，企業の競争力を判断するには，次の式から算定される営業利益率の財務指標が有用です。

$$営業利益率 = \dfrac{営業利益}{売上収益}$$

　営業利益率は，商品の単位当たりの利益率を反映し，1個の商品を販売したことにより，販売金額の何パーセントの儲けがあったのかを把握できます。

　営業利益率の時系列分析においては，市場のマクロ要因の影響要因と企業独

自の競争力の変化の影響要因とを区分する必要があります。

まず，市場のマクロ要因の影響とは，グローバル市場における経済事情，原材料価格の変動，政府規制（関税，輸入規制，その他の租税を含む），為替・株価・金利の変動などに代表されるマクロ要因です。これらの要因は，企業努力ではコントロールできない要因と位置づける必要があります。たとえば，グローバルな市場で同時に発生するような金融危機では，あらゆる産業の市場の急激な需要低下を招きました。そのような状況下では，いかなる企業でも，一定程度の販売数量の下落を避けることができません。問題となるのは，市場の急激な需要の下落率よりも，分析対象企業の販売数量のほうが高く，企業の存続可能性リスクが発生している状況です。

後者の企業独自の競争力の変化の影響要因とは，企業努力に基づく販売数量分析と販売単価分析です。この分析については，ライバル企業との比較により，マーケットシェアの変動分析などが有効となります。

5-5-4　損益分岐点分析

主要営業活動について，売上総利益率や営業利益率のほかに，企業全体や事業別，商品別の業績分析をする方法として，「損益分岐点分析（CVP：Cost Volume Profit分析）」があります。ここに「損益分岐点分析」とは，文字どおり損益が分岐する点を算出する分析で，損益が分岐する点とは，利益が出るか損失が出るかの分岐点，すなわち利益＝0になるときの売上収益のことです。損益分岐点分析では，主に次の目的を達成するために実施します。

- 企業のコスト構造が一定と仮定した場合，翌期の売上収益が，どのレベルに達すれば安定した利益を発生するかを探ること
- コスト構造が変わったときに，売上と費用がどのようなレベルにあれば利益が出るのかを探ること

損益分岐点分析では，まず，費用項目を「変動費」項目と「固定費」項目に区分します。ここに「変動費」とは，売上収益の変動に比例して発生する費用をいい，「固定費」とは，売上収益が変動しても安定して発生する費用をいいます。そのうえで，損益計算書では反映されない「限界利益」を算定します。

> 限界利益 ＝ 売上高 － 変動費

損益分岐点は利益＝0のときの売上高で，（限界利益＝固定費）の時点となります。この関係を示すと，**図表5－6**のとおりです。

図表5－6 損益分岐点分析

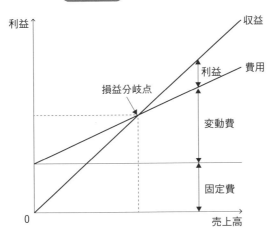

連結損益計算書および損益計算書に反映されている売上原価，販売費及び一般管理費は，固定費，変動費に明確に区分することは困難ですが，売上原価は変動費，販売費及び一般管理費は固定費要素が多いのが一般的です。

Column 5.4

バーゲンセールの経営戦略

小売店では，バーゲンセールを行う時期があり，通常，30％割引や50％割引での販売が行われます。このようなバーゲンセールは，季節の変動期に在庫処分の目的で実施しますが，その際の価格設定は，変動費の回収のみを目標とし，限界利益がゼロレベルになるまで割引率を高めて販売促進を行うのが一般的です。したがって，固定費の回収については，バーゲンセール以外の通常の商品販売により行うことになります。

5-6 Tableauを活用した財務報告分析

5-6-1　Case Study：営業利益率

　Tableau Publicにおける「グローバル企業の財務情報」（Sec.5 棚卸資産会計と営業利益）を開き，（小売業 Fast Fashion）の中から数社をクリックして下さい。比較対象企業の営業利益率の時系列分析を行いましょう。
　製造・小売を行うグローバル企業では，営業利益率は10%前後を維持していることが，経営の健全性の1つの目安となります。

5-6-2　Case Study：期末在庫

　Tableau Publicにおける「グローバル企業の財務情報」（Sec.5 棚卸資産会計と営業利益）を開き，（小売業 Fast Fashion）の中からファーストリテイリングをクリックして，棚卸資産の金額と売上原価の時系列分析を行いましょう。
　企業では，欠品を回避するために常に一定数量の在庫を持っており，売上原価と棚卸資産の比較から，会計年度末で何カ月分の販売分の商品在庫を保有しているかを把握できます。
　企業では，顧客の販売ニーズの変化に適時対応するために，常に一定規模の在庫を確保している必要があります。多めの在庫を確保した場合，顧客ニーズが増した局面でも欠品が生じるリスクを回避できる一方で，顧客のニーズが期待していたほど伸びない場合には，不良在庫となるリスクを抱えることになります。
　これらのリスクを総合的に考慮して，企業がどのように対応して適正在庫を確保しているか，特に期末棚卸資産が意図した在庫なのか，意図せざる在庫なのかを判断することが重要です。適正在庫の規模は，企業ごとに異なるのが一般的ですので，自社の過去のデータと比較して，当年度末の水準が多いか少ないかをチェックします。

5-6-3　Case Study：販売費及び一般管理費

　Tableau Publicにおける「グローバル企業の財務情報」（Sec.5 棚卸資産会計と営業利益）を開き，グローバル企業の中から数社をクリックして下さい。

比較対象企業の「販売費及び一般管理費」の項目別の金額とその内訳比率の時系列分析を行いましょう。

　販売費及び一般管理費の内訳は，産業ごとにその比率が大きく異なるのが一般的です。小売業では，人件費，店舗の賃貸料，広告宣伝費の比率が大きくなる傾向があるのに対して，製造業では，人件費，減価償却費，研究開発費の比率が大きくなる傾向があります。

演習問題

Q1 棚卸資産の原価配分手続きについて説明しなさい。

Q2 損益計算書における「売上原価」と財政状態計算書における「棚卸資産」の関係について説明しなさい。

Q3 「販売費及び一般管理費」に反映される具体的な項目について説明しなさい。

Q4 営業利益と当期利益の相違点について説明しなさい。

Q5 営業利益率は，どのような経営指標として活用されますか，説明しなさい。

Q6 棚卸資産の期末評価法について説明しなさい。

Q7 「減価償却費」と「支払リース料」の異同点について説明しなさい。

Q8 海外から商品を輸入して販売している企業では，為替レートが円高にシフトした場合，売上総利益に与える影響について説明しなさい。

Q9 製造原価明細書の特徴について説明しなさい。

Q10 棚卸減耗損について，正常なものと異常なものに区分し，それぞれの会計処理について説明しなさい。

第6章 設備投資と有形固定資産会計

6-1 設備投資の形態と固定資産情報

6-1-1 固定資産の形態

　企業では，立地の良い店舗や高機能の生産設備を継続的に維持するには，効率的な資金調達と計画的な投下資金の回収は，重要な経営課題です。その店舗や生産設備である土地，建物，機械・装置，器具・備品などは，「有形固定資産」といいます。「有形」とは，物的実態が眼で確認できることを意味し，「固定資産」とは，流動性が低いという意味を反映した資産のことで，投資した資金の回収期間が長期間におよぶ特性をもちます。「固定資産」には，有形固定資産以外にも，物的実態がなく，商標権，特許権などの法的権利や，のれん，ブランドなどの経済的付加価値を反映したものも対象となり，当該資産は，「無形資産」（または，「無形固定資産」）といいます。

6-1-2 固定資産投資の回収プロセス

　企業が販売する商品にかかる資金循環は，商品の仕入から販売までは，数日から数カ月単位の短期間で行われるため，資金の投資から回収までのプロセスも短期間で完了するのが一般的です。

　一方で，固定資産への投下資金は，毎期の販売活動からのキャッシュ・フローにより段階的に回収し，その資金回収がすべて完了するまでには，数年から数十年の長期にわたります。そのため，資金の支出時期と回収時期とが大きく乖離するため，その間の資金の効率的な回収をはかるための長期経営計画の策定と実行が重要となります。

6-1-3 固定資産投資のための資金調達方法

固定資産の取得には，多額の初期投資の資金が必要です。その資金としては，企業内部に留保されている自己資金や金融機関からの借入資金を原資とする方法に加えて，割賦取引やリース取引による実質的な借入資金を原資とするケースもあります。この主な関係を示すと**図表6－1**のとおりです。

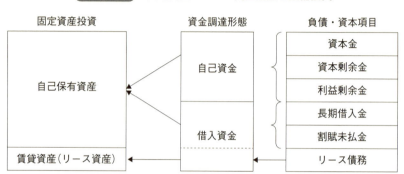

図表6－1　固定資産における資金調達と設備投資

これら様々な形態により取得した固定資産は，取得方法の違いにより，個別財務諸表および連結財務諸表への影響が異なります。

6-2　有形固定資産のストック情報

6-2-1　オンバランス項目とオフバランス項目

企業が保有する営業用の店舗や工場などの生産設備は，自己資金または借入資金を原資として取得して自己所有するのが一般的です。これらの設備は，貸借対照表（または連結財政状態計算書）では，固定資産（または非流動資産）の「有形固定資産」項目に反映され，「オンバランス」項目ともいいます。

一方で，リースにより賃貸形式で使用している店舗や設備については，オンバランス項目となるリース物件と，貸借対照表に反映されない，いわゆる「オフバランス」項目になるリース物件に区分されます。

リースのうち，割賦取引と経済的実質が同一であるリースで，たとえば，リース期間がリース財の経済的耐用年数とほぼ同期間，または支払リース料総額がリース財の取得原価とほぼ同額のリースが該当します。このようなリースは，

「ファイナンス・リース」といい，オンバランス項目となります。

一方で，ファイナンス・リースに該当しない，一般的な賃貸取引であるリースは，「オペレーティング・リース」といい，当該リース物件は，オフバランス項目となります。この関係を示すと**図表6-2**のとおりです。

図表6-2 リース物件の資産計上

オペレーティング・リース取引は，リース期間が1-2年単位の短期間のものから，数年から数十年にもわたる長期間に及ぶものまで，かなり広範囲のリース物件がその対象になっています。特に営業用の店舗の多くは，オペレーティング・リース取引に該当し，ストック情報には反映されておりません。

6-2-2 ファブレス企業の製造設備

さらに，最近の動向として，自社製品の製造を外注することにより，製造設備を保有しない企業が増加しています。たとえば，自社製品を製造する場合，従来は，自社工場を所有して製品の製造をする経営スタイルが一般的でしたが，近年は，製品の開発・設計のみを自社で行い，具体的な製造は外部の企業に委託し，完成品を当該企業からすべて買い取り，自社で販売する経営スタイルがあります。そのような企業のことを「ファブレス（fabrication + less）」企業といい，この種の企業における製品の製造設備は，自社の連結財政状態計算書（および貸借対照表）には反映されておらず，自社工場を所有する企業と比較して，有形固定資産の比率が低い傾向にあります。

6-3 有形固定資産の財務的影響

6-3-1 取得原価の原価配分

企業が保有する資産のうち流動資産は，資産の取得時から当該資産の使用時までが短期間であるのに対して，「非流動資産」（個別では，「固定資産」）は，資産の使用期間が数年から数十年の長期間に及ぶ点に特徴があります。

たとえば，流動資産の代表例である棚卸資産（商品）は，その取得時（仕入時）から使用時（販売時）まで短期間で行われ，通常は，同一の会計期間内で取得と販売が行われています。一方で，有形固定資産は，資産の使用期間（「耐用年数」といいます）において継続的に使用可能で，資産の取得時の会計期間と，資産を使用する会計期間が乖離します。

有形固定資産の取得時には，当該資産の購入代金に買入手数料，運送費，試運転費等の付随費用を加えて「取得原価」を算定し，当該価額に基づいて資産計上します。そのうえで，当該資産を毎期の使用頻度に基づいて，取得原価を配分する手続きをとります。この配分手続きを「原価配分」といい，その関係を示すと**図表 6 − 3**のとおりです。

図表 6 − 3　取得原価の原価配分

6-3-2　減価償却費の意義

原価配分手続きに基づいて，各会計期間に配分された原価分は，その期の「減価償却費」として費用計上します。ここに「減価償却費」とは，固定資産の取得原価を，当該資産の使用頻度に基づいて使用期間（耐用年数）にわたって配分することにより，毎期発生する費用項目です。

固定資産の使用価値は，本来は，固定資産の実際に使用した価値分を直接測定して反映すべきですが，多くの固定資産では，その実際の使用分を正確に測定することは困難です。商品販売では，実際に販売された商品の数量は容易に把握できますが，店舗のような設備は，実際に使用しても物的な消耗はほとんど生じないため，その使用分を容易には把握できません。そのため，企業会計では，時間の経過により使用価値が目減りするという仮定を置いて，毎期の使用価値を算定し，その価値を「減価償却費」として毎期，費用計上します。

6-3-3 減価償却費の計算方法

毎期の減価償却費の計上方法には，主に「定額法」と「定率法」の代替的な方法が認められています。

定額法に基づく減価償却費 ＝ 取得原価 ÷ 耐用年数
定率法に基づく減価償却費 ＝ （取得原価 － 減価償却累計額） × 一定率

定額法と定率法の違いは，時の経過による使用価値の減少について，毎期一定額ずつ目減りすると仮定するのか，一定率ずつ目減りすると仮定するのかの相違にあります。

6-3-4 計算事例：定額法と定率法

たとえば，取得原価（100），耐用年数10年，定率法による償却率（0.2/年）とした場合，定額法と定率法による第1期から第4期までの減価償却費を比較してみると，図表6－4のとおりです。

図表6－4　定額法および定率法の減価償却費

計算式	定額法		定率法	
	減価償却費＝取得原価÷耐用年数		減価償却費＝前期末評価額×償却率	
	減価償却費	期末評価額	減価償却費	期末評価額
第0期		100		100
第1期	10	90	20	80
第2期	10	80	16	64
第3期	10	70	13	51
︙	︙	︙	︙	︙

・小数点以下，四捨五入

この表から毎期の計上額は，定額法では毎期の一定になるのに対して，定率法では初期は大きく，期間の経過により低減していく傾向にあります。企業がいずれの方法を採用するかは，設備の使用実態を考慮して経営者が選択でき，その方法は，財務諸表注記における「有形固定資産」項目にて開示されます。

6-3-5　連結損益計算書における減価償却費の計上

　減価償却費は，営業活動の一環として生じる費用項目として，連結損益計算書（および損益計算書）の営業利益の内訳項目として計上されます。ただし，その計上項目は，減価償却費の計上対象資産の使用目的の違いにより，「売上原価」項目に反映するケースと「販売費及び一般管理費」に反映するケースに区分されます。

　まず，「売上原価」に反映される減価償却費は，自社で製品を製造しているケースで，製品の製造設備から生じる減価償却費は，製品の材料費および製造設備のスタッフの労務費とともに，製造原価の一要因として計上され，その製造原価が連結損益計算書（および損益計算書）の売上原価に反映されます。

　一方で，「販売費及び一般管理費」に反映される減価償却費とは，営業用の店舗や本社等の管理設備から生じる減価償却費が反映され，財務諸表注記における「販売費及び一般管理費」の内訳項目にて詳細項目が開示されます。

6-3-6　有形固定資産の期末評価額

　有形固定資産は，次の式により算定した期末評価額で，連結財政状態計算書および貸借対照表の資産計上金額を算定します。

有形固定資産の期末評価額　＝　取得原価　－　減価償却累計額

　この金額は，会計年度末時点に当該資産の時価（公正価値）を反映した評価額ではなく，取得原価をベースにした評価額である点に特徴があります。

　そのうえで，減価償却累計額とは，資産の取得時から当会計年度末までに同資産の使用済価値の累計額であるため，毎期の期末評価額は，その時点における当該資産の未使用価値を反映した金額であるといえます。この関係を示すと**図表6－5**のとおりです。

図表6－5 有形固定資産の期末評価額

取得原価	取得時	T_1期	T_2期	…	T_n期
	資産計上額	資産計上額	資産計上額	資産計上額	減価償却累計額
		減価償却累計額	減価償却累計額	減価償却累計額	

Column 6.1

IFRS：固定資産の再評価モデル

　IFRSでは，有形固定資産の期末評価には，取得原価をベースにした評価モデルとともに再評価モデルの選択適用も認めています。

　ここに再評価モデルとは，固定資産の期末評価額を定期的に公正価値へ引き直す（再評価）方法をいいます。再評価により固定資産の評価額が引き上げられる場合（プラスの評価差額が発生する場合）には，当該評価差額を「再評価剰余金」として「その他の包括利益」に計上します。逆に，再評価により有形固定資産の評価額が引き下げられる場合（マイナスの評価差額が発生する場合）には，損失を認識します。

6-3-7　支払リース料における減価償却費の計上

　一方で，オペレーティング・リースに該当するリース物件は，オフバランス項目で，有形固定資産には反映されないため，減価償却費の計上対象にもなりません。その代わりに，毎期の設備の使用料として支払われるリース料は，その総額が連結損益計算書（および損益計算書）の「販売費及び一般管理費」項目に計上されます。このリース料は，財務諸表注記における「販売費及び一般管理費」の内訳にて，「支払地代・家賃」などの項目にて詳細開示されます。

　主要都市の中心街に店舗を展開している小売業では，自己所有の設備を所有するのではなく，オペレーティング・リース形式で優良店舗を確保する傾向があるため，減価償却費の計上金額と比較する形で，支払地代・家賃の計上金額の実態把握も重要です。

6-4 設備投資の回収プロセス

6-4-1 減価償却費の金融効果

有形固定資産は，取得時点で多額の現金支出がありますが，その後の時点では，保守活動による現金支出を除いて，ほぼ追加的な現金支出は生じません。一方で，毎期の営業活動では，当該資産を使用して売上収益に貢献することにより，現金収入をもたらす効果があります。その現金回収効果のことを「減価償却費の金融効果」といいます。この効果は，減価償却費における現金の支出を伴わない費用項目である特性を反映した効果で，当該費用分だけ当期純利益の金額を引き下げ，当期の販売活動により回収した現金が自動的に企業内部に留保されることにより，実質的に新たな資金の融資を受けた効果と同等の効果が発生することを意味します。

6-4-2 計算事例：減価償却費の金融効果

たとえば，ある商品を（70）で仕入れて（100）で販売し，対価の受払は現金で行ったとします。この販売において店舗から生じる減価償却費が（10）であったとすると，当期の損益および現金収支は，**図表6－6**のとおりです。

図表6－6 減価償却費の金融効果

	損益	現金収支
売上収益	100	100
売上原価	△70	△70
減価償却費	△10	0
当期利益	20	
現金収支		30

当期利益は，株主による決議を経て配当や役員賞与の分配の対象となるため，当該利益に相当する現金（20）は将来分配される可能性があります。一方で，現金残高（30）のうち減価償却費に相当する現金（10）については，分配の対象にはならず，自動的に企業に留保されます。この留保分（10）が減価償却費の金融効果となります。

6-4-3　定額法と定率法の金融効果

　定額法と定率法とを比較してみると，定額法は毎期計上される減価償却費が一定であるのに対して，定率法は固定資産の取得直後の初期段階における減価償却費の金額が大きく，耐用年数に近づくにつれて金額が低下する傾向があります。

　この特性の違いは，営業活動を通じた投下資金の回収のタイミングに影響をもたらし，効率的な資金管理を考える経営戦略上，その選択は重要になります。特に定率法は，固定資産の初期投資直後の期間では，減価償却費の計上金額が大きく算定され，金融効果も大きくなります。そのため，成長が著しい企業の場合，毎期，積極的な設備投資を行い，営業活動の拡大により投下資金を早期に回収する経営戦略をとるために定率法を採用する傾向が高く，一方で，安定成長の企業では，定額法を採用するのが一般的です。ただ，グローバル企業では，地域ごとの子会社が保有する設備の減価償却方法を統一する観点から，定額法に償却方法を一本化しているケースが多いです。

6-5　有形固定資産の減損処理

6-5-1　有形固定資産の減損処理の意義

　企業が固定資産へ投資するのは，将来の経営活動を通じて投資額以上のリターンを得ることを期待しているからです。しかし，当初想定した経営環境と実際の経営環境とが大きく乖離してしまい，当初期待していたリターンが実現できず，投下資金の回収が困難になる状況が生じることがあります。

　そのような経営環境の悪化の対応策としては，まず，保有資産を売却（リストラ）をして，経営活動を清算することが考えられます。しかし，リストラを行ってしまうと，当該設備を使用した経営活動の継続性が失われてしまい，企業経営に多大なる影響をもたらします。そのような実際の設備の廃棄ではなく，固定資産の評価損を一括計上して，その後の会計期間の減価償却費の負担軽減を図る財務的対応が，固定資産の「減損処理」です。

6-5-2　ビッグ・バス会計の意義

　固定資産の「減損処理」は，固定資産の価値減少に伴う臨時的な損失計上処

理であり，企業会計において伝統的に行われてきた「臨時償却」と類似した処理です。臨時償却は，臨時的という言葉から非規則的な会計処理を反映しますが，実際には，企業の経営者の交代時期に，意図的に採用される傾向がありました。その理由は，就任時に多額の赤字を出して業績を急激に悪化させる代わりに，就任後は固定資産の評価額の引下げに伴う減価償却費の軽減効果により，経営努力以上のV字型の業績回復を図りたい，新経営者の意図があるからです。このような会計処理は，不良資産を一括処理することの比喩表現を反映して，一般にビッグ・バス会計（Big Bath Accounting）といいます。

　ビッグ・バス会計が行われた場合，その期は多額の赤字を計上しますが，翌期以降は，急激な業績回復をもたらすため，通常の毎期の期間利益の変動の幅をより大きくする効果をもたらします。そのような期間利益への影響は，利益の逆平準化またはプロシクリカル（Pro-cyclical）効果といい，投資家にとっては，この種の会計処理が行われた前後の会計期間の業績評価は非常に難しくなります。減損処理は，そのような臨時償却の問題点を解決するために導入された会計処理であり，経営者による処理の乱用を防止するために，減損を実施するタイミングとその計上金額についての規制が設けられています。

6-5-3　減損損失の認識条件

　固定資産の減損処理では，経営環境の変化に伴い，支配獲得のための投資額が回収不能であると判断される状況になった場合には，回収可能見込額まで評価額を引き下げる減損処理をとらなければなりません。この処理は，次のプロセスに基づいて実施します。

① **資金生成単位の特定化**

　固定資産の減損処理では，まず，その対象資産をグループ化する必要があります。減損の対象となる有形固定資産は，連結財政状態計算書の有形固定資産に反映されている建物，機械，備品等ですが，これらの資産は，それぞれ別個の営業活動を行っているのではなく，実際の営業活動は複数の資産が有機的に結合しており，その営業活動を通じてキャッシュ・フローを生み出しています。そのキャッシュ・フローを生み出す営業活動において有機的に結合した資産の

構成単位が，減損の計上対象となります。たとえば，ある特定の製品の販売不振に陥った企業では，その製品を製造した工場が減損の対象となり，工場を構成する土地，建物，機械，備品が1つの資金生成単位となります。

② 減損テスト実施

　減損テストとは，テスト実施時の資金生成単位の帳簿価額と回収可能価額とを比較するテストで，次のプロセスにて実施します。

```
                                    「使用価値」と  ┐ いずれか
                                    「正味売却価額」 ┘ 高い金額
                                          ↓
減損テスト：資金生成単位の   ← 比較 →  資金生成単位の回収可能価額
           期末評価額
                                   ⇩
減損損失の認識対象：（帳簿価額＞回収可能価額）の場合，減損損失の認識対象
```

　なお，「使用価値」とは，各資金生成単位において経営者が承認した事業計画（対象期間は，3～5年間のケースが多い）から算定した（狭義の）使用価値と，事業計画を超過した期間について，各資金生成単位の国や産業の状況を勘案して決定して予想成長率を基礎として算定した継続価値とを合算して算定します。この使用価値は，将来キャッシュ・フローの見積額を一定の割引率で割り引いた現在価値から算定します。

$$使用価値 = \sum \frac{FCF}{(1+r)^i}$$　　FCF：将来キャッシュ・フローの見積額，r：割引率

　また，「正味売却価額」とは，活発な市場での売買価格から資金生成単位の処分費用を控除して算定します。そのうえで，「回収可能価額」とは，使用価値と，正味売却価額のいずれか高いほうの金額です。

　減損テストは，まず年に1度，定期的に実施します。その時期は，関連する事業計画の策定時期を勘案して個別に決定します。さらに，資金生成単位の損益が継続してマイナスになるケースなど，減損の兆候が発生した段階で，適時，実施します。

> **Column 6.2**
> **日本基準における減損損失の認識条件**
> 　日本基準では，減損損失の認識基準について，期末評価額と比較する対象は，「割引前将来キャッシュ・フロー」を使用し，割引後将来キャッシュ・フロー（現在価値）は使用しません。割引後将来キャッシュ・フロー（現在価値）は，割引前将来キャッシュ・フローを一定の割引率で割り引いた金額であるため，割引前将来キャッシュ・フローよりも低い金額になります。本来ならば，当期末の帳簿価額を比較対象とすべきなのは，同じ時点の経済価値を反映した現在価値の金額とすべきですが，あえてその金額を比較対象とせずに，現在価値よりも高い金額である割引前将来キャッシュ・フローを比較対象とするのは，割引前将来キャッシュ・フローレベルでも期末評価額を下回るほどに経営環境が悪化しているケースのみに減損適用を制限しようとする政策的配慮を反映したからです。

6-5-4 　減損損失の計上金額

　減損損失の認識対象となった資産グループは，減価償却計算後の期末評価額を回収可能価額まで減額し，当該減少額を減損損失として当期の損失とします。

　　　減損損失 ＝ 減価償却計算後の期末評価額 － 回収可能価額

　減損損失は，他の経常的な処理とは異なり臨時的な会計処理ですが，営業活動に使用してきた設備から生じた項目であるため，連結損益計算書では，営業利益の内訳項目の「その他費用」として計上されます。なお，減損損失は，日本基準で作成する損益計算書では，営業利益の内訳項目ではなく，経常利益算定後の特別損益項目に反映され，IFRSを採用した連結損益計算書と計上箇所が大きく異なります。

　減損損失が発生した有形固定資産については，当期および将来の業績への影響が大きいために，財務諸表注記の「有形固定資産」項目において，減損損失を認識した資産の種類別の内訳が詳細に開示されています。そこでは，企業が保有する固定資産のうち，減損損失が発生している固定資産の種類とその金額が把握できるばかりでなく，業績が悪化している事業さらには地域に関連する詳細な情報が掲載されており，採算が悪化している営業活動の実態把握には，有用な情報となります。

6-5-5　減損損失の戻入れ

　IFRSでは，減損処理が行われた有形固定資産については，減損を実施した翌期以降に，経営環境が好転して，業績回復が認められる状況になった場合には，従来の減価償却方法で算定した評価額まで期末評価額を戻し入れる会計処理も認めています。ただし，日本基準では，この減損損失の戻入れは認めていません。この違いを示すと**図表6-7**のとおりです。

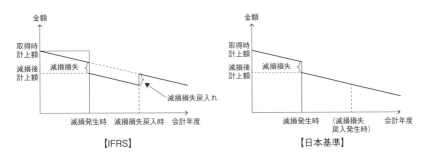

図表6-7　減損損失戻入時のIFRSと日本基準の比較

Column 6.3

固定資産の巨額減損計上の事例

　企業の急激な業績悪化の局面では，固定資産の巨額減損損失を計上する事例が多くみられます。日本企業の中でも，1,000億円単位の減損を計上する事例も多くありますが，グローバル事業展開をしている企業の中には，その規模がさらに大きな事例もあります。

　たとえば，英小売業最大手のテスコ（Tesco）が発表した2015年2月期の税引前損益は，63億7,600万ポンド（約1兆1,476億円，1ポンド＝180円換算）赤字でした。前年度の損益は，9億7,000万ポンド（約1,746億円）の黒字だったので，急激な業績悪化となりました。その原因となったのが，英国に加えてグローバル展開している店舗の売上不振による固定資産の減損費用47億ポンド（約8,460億円）でした。このように，グローバルでの事業展開を行っている企業では，一度，販売不振の局面に入ると，巨額の固定資産の減損が発生することがあります。

6-6　固定資産の除却と売却損益

　企業が経営活動に使用していた固定資産を売却（リストラ）した場合，その売却から発生する損益は，次の計算式に基づいて算定します。

> 固定資産売却損益　＝　売却価額　－（取得原価　－　減価償却累計額）

　この固定資産売却損益は，減損損失と同様に，他の経常的な処理とは異なり臨時的な会計処理ですが，営業活動に使用してきた設備から生じた項目であるため，連結損益計算書では，営業利益の内訳項目の「その他費用」として計上されます。なお，日本基準で作成する個別損益計算書では，営業利益の内訳項目ではなく，経常利益算定後の特別損益項目に反映され，IFRSを採用した連結損益計算書と計上箇所が大きく異なります。

　固定資産売却損益の金額が大きい場合には，有利な条件で固定資産を売却できたこと，逆にその金額が小さい場合には，不利な条件での売却となったことを意味します。ただし，当該損益の金額は，既に認識済みの減価償却累計額が大きい場合には期末評価額が低くなり，結果として売却益は大きく計上される傾向にあり，必ずしも有利な条件での売却ではないケースもある点には留意する必要があります。

6-7　Tableauを活用した財務報告分析

6-7-1　Case Study：有形固定資産

　Tableau Publicにおける「グローバル企業の財務情報」（Sec.6 設備投資と固定資産会計）を開き，（小売業）の中から三越伊勢丹とファーストリテイリングをクリックして下さい。三越伊勢丹とファーストリテイリングの総資産に対する有形固定資産の比較をしてみましょう。

　企業が使用する主な有形固定資産には，建物及び構築物，器具・備品，運搬具，土地などがあります。これらの資産を自社所有する場合には，連結財政状態計算書に反映されますが，当該資産をオペレーティング・リース形態で使用している場合には，連結財政状態計算書に反映されません。

自社所有の固定資産比率が高い三越伊勢丹と，賃貸物件による営業拠点展開を図るファーストリテイリングでは，有形固定資産の比率が大きく異なる実態を把握できます。

6-7-2　Case Study：減価償却費と支払リース料の比較

　Tableau Publicにおける「グローバル企業の財務情報」（Sec.6 設備投資と固定資産会計）を開き，（小売業 Fast Fashion）の中からファーストリテイリングをクリックして下さい。同社の「減価償却費」と「支払リース料（支払家賃）」の金額の時系列分析を行ってみましょう。

　ファーストリテイリングでは，支払リース料の割合が，減価償却費と同レベルであることが理解できるはずです。経営活動に使用した固定資産から生じる費用項目としては，減価償却費とともに支払リース料の認識も重要であり，双方の金額を合算することにより，企業が使用している固定資産から発生した当期費用を把握できます。

6-7-3　Case Study：設備投資への実質負担額

　Tableau Publicにおける「グローバル企業の財務情報」（Sec.6 設備投資と固定資産会計）を開き，（小売業 Fast Fashion）の中からファーストリテイリングをクリックして下さい。同社の投資キャッシュ・フローの内訳における「有形固定資産の取得に伴う支出」の金額と，毎期の「減価償却費」の計上金額の時系列分析を行ってみましょう。

　企業は，毎期，一定の設備投資を継続的に行っています。設備投資には，新たな資金が必要となりますが，過去に投資した設備投資が正常に稼働して収益を生み，その収益からの金融効果により資金が社内に留保されている場合には，新たな資金調達が必要とはなりません。そのため，毎期の設備投資の実質的な負担額は，次の計算式から算定できます。

設備投資への実質負担額
　＝　設備取得のための投資キャッシュ・フロー　－　金融効果

演習問題

Q1　企業が展開する店舗について，自社所有の店舗とリース契約での店舗は，連結財政状態計算書で，それぞれどのような形で反映されるか説明しなさい。

Q2　減価償却費の「金融効果」とはどのような財務的な効果を意味するか説明しなさい。

Q3　減価償却費の計上方法として，定額法を採用するケースと定率法を採用するケースでは，毎期の期間利益の影響は，どのように異なるか説明しなさい。

Q4　有形固定資産には，具体的にどのような項目が反映されるか説明しなさい。

Q5　有形固定資産の減損処理を行わなければならないという条件とともに，減損損失の計上金額について，具体的に説明しなさい。

Q6　有形固定資産の減損手続きにおいて，有形固定資産を資金生成単位に再分類しなければならない理由について説明しなさい。

Q7　有形固定資産の減損の戻入れの条件と具体的な処理方法について述べなさい。

Q8　固定資産の売却損益の算定方法について説明しなさい。

Q9　ファブレス企業は，有形固定資産の比率は大きくなりますか，それとも小さくなりますか。いずれかを答えるとともにその理由について説明しなさい。

Q10　日本の企業の中で，店舗のリース依存率の高い企業を探してみましょう。

III ファイナンス・タックス・セクション

Finance – Tax Section

第7章　負債性金融商品による資金調達と運用
第8章　資本性金融商品による資金調達と運用
第9章　法人所得税と税効果会計

第7章 負債性金融商品による資金調達と運用

7-1 負債性金融商品による資金調達

7-1-1 負債性金融商品の意義

　企業が中長期的に持続的な成長を続けて企業価値を最大化するためには，健全な財務体質を維持することが不可欠です。その財務管理の重要な課題となるのが，「負債性金融商品」による資金調達と資金運用です。ここに「負債性金融商品」とは，将来において利息の支払いと元本の返済義務を有する金融商品のことをいいます。その金融商品による資金調達により生じた負債のことを「有利子負債」といい，その代表的な項目は，次のとおりです。

- 「借入金」……金融機関（主に銀行）からの資金調達で，当期の会計年度末から1年以内に元本の返済日がくる借入金を「短期借入金」，1年を超過する借入金を「長期借入金」といいます。
- 「社債」……一般投資家からの資金調達で，「社債券」という有価証券を発行する債務のことで，証券化された借入金の特性を有し，元本の返済は，3年から10年の中長期に及びます。
- 「割賦未払金」，「リース債務」……固定資産の購入に伴い生じる対価の支払義務を，数年間にわたり分割して支払う場合に生じる債務のことで，割賦契約に基づく対価の未払い分を「割賦未払金」，リース契約に基づく対価の未払い分を「リース債務」といいます。このような法的相違はあるものの，経済的実質はほぼ同じ特性を有しています。

　借入金や社債は，毎期の支払いは利息分のみで，元本の返済は償還期限に一

括して行われるのに対して，割賦やリース契約で，毎期の支払額のなかに，利息の支払部分と元本の一部返済部分を含んでおり，毎期の支払総額を一定に保ちながら対価を支払う「元利均等払い」の形態をとります。その違いは，**図表7－1**のとおりです。

図表7－1 社債とリース債務の利息・元本の返済スケジュール

　負債性金融商品に基づく資金調達は，将来において約定利息の支払と元本の返済義務があるため，企業の将来における財務上の重要なリスク要因となります。企業では，このリスクを回避するために，様々なリスク管理手法を導入しています。

　一方で，負債性金融商品に基づく運用とは，企業が保有する余剰資金の安定運用目的で，他社が発行した社債を保有したり他社に貸し付けることによる約定利息を受領するケースが該当します。

7-1-2　キャッシュ・フロー重視の経営戦略

　負債性金融商品に基づく資金調達の管理手法のうち，財務上の安全性を重視した戦略としては，キャッシュ・フロー重視の経営戦略がまず挙げられます。

　この経営戦略は，将来における利息と元本の支払いに対応できるキャッシュを，常に企業内部に留保することを重視する戦略で，有利子負債の適正規模を，毎期の会計年度末における企業のキャッシュ留保額（「現金及び現金同等物」

の残高）の範囲内にとどめる戦略です。

$$\text{純負債} = \text{有利子負債} - \text{現金及び現金同等物残高} < 0$$

　有利子負債の総額から現金及び現金同等物残高を控除した「純負債」の金額がマイナスになっている場合には，有利子負債の規模が適正水準にあることになり，この「純負債」の指標は，連結財務諸表注記「金融商品」項目の資本管理事項にて記載されます。

7-1-3　NET DER重視の経営戦略
　キャッシュ・フロー重視の経営よりも，積極的に負債性金融商品による資金調達を活用する企業では，負債性金融商品と資本性金融商品による資金調達の比率を一定範囲にとどめて企業の財務体質の安定性を確保する企業もあります。その管理指標として使用される代表的な財務指標が，NET DER（Net Debt Equity Ratio：純負債対株主資本倍率）です。

$$\text{NET DER} = \frac{\text{純負債}}{\text{株主資本}}$$
（株主資本 ＝ 親会社に株主に帰属する持分
＝ 資本金 ＋ 資本剰余金 ＋ 利益剰余金）

　NET DERは，純負債の金額はプラスのレベルまで積極的に負債性金融商品での資金調達を行う経営戦略で，将来の利息の支払いと元本の返済義務による将来リスクの上限を，将来リスクのない株主資本との比較で，一定の範囲内にとどめるようにその調達比率を管理します。このNET DERの指標も，連結財務諸表注記における「金融商品」項目にて記載されます。

7-1-4　レバレッジド経営
　企業の中には，さらに積極的に負債性金融商品による資金調達を行う経営戦略をとる企業もあります。その代表的な経営戦略を「レバレッジド経営」といいます。ここに，「レバレッジ」とは梃子の原理を活用することで，経営上で

は，株主資本による資金調達の比率を抑え，逆に，負債性金融商品による資金調達を積極的に行うことで，大規模な企業経営を行う戦略です。

　負債性金融商品に依存しなければ，財務の健全性は維持できますが，短期間の間に高い収益性と成長性をめざす場合には，株主資本に基づく資金のみでは，積極投資に見合う資金を適時調達することが難しくなります。一方で，負債性金融商品による資金調達の規模を拡大すれば，将来リスクは増加しますが，市場利率が低いマクロ環境の状況であったり，企業の信用度が高く，低い約定利率での資金調達が可能であったりする場合は，将来リスクを低く抑えることが可能です。株主からの資金調達では，株主への配当還元のコストが発生しますが，そのコストよりも支払利息の金額を安く抑えることが可能ならば，結果として資金調達コストを軽減できるメリットもあります。

　ただし，企業が締結している借入契約には，財務制限条項があり，企業の経営成績，財政状態または信用力が悪化した場合には，これらの条項に基づき，既存借入金の一括返済を求められ，利率および手数料率の引上げ，新たな担保権の設定を迫られる可能性があります。さらに，金融市場が不安定になるマクロ要因の影響で，継続的に企業にとって望ましい条件での資金調達ができなくなるリスクもあります。そのような状況下では，負債性金融商品に依存した経営戦略は，企業の経営成績および財政状態に対して，短期間の間に急激に悪影響を及ぼすリスクもあります。

Column 7.1

レバレッジド経営とROE

　株主資本の効率性を重視した利益最大化を目指す企業では，業績評価にて最も活用される財務指標は，ROE（Return On Equity：資本利益率）です。

$$ROE = \frac{当期純利益}{資本}$$

　投資家は，企業の経営の効率化の指標としてROEを重視する傾向が強く，欧米のグローバル企業では，10％水準のROEを求める傾向があります。
　ROEは，レバレッジド経営を重視した経営戦略をとる企業ほど，その財務比率が高くなる傾向にあります。
　たとえば，同じ（100）の資金をもとに当期純利益（10）を計上しているA社とB社があったとします。ただし，A社では，その資金全額を株式で調達し

> ているのに対して，B社は（50）を株主資本，（50）を有利子負債で調達していたとします。このケースにおけるA社およびB社のROEは，次のとおりです。
>
> A社：ROE（10%） ＝ $\dfrac{当期純利益（10）}{資本（100）}$
>
> B社：ROE（20%） ＝ $\dfrac{当期純利益（10）}{資本（50）}$
>
> この結果から，B社はA社よりもROEの指標が高くなり，経営効率が高いと判断されます。そのため，ROEを経営者の業績指標として用いる場合には，積極的に負債性金融商品の比率を高める経営スタイルをとる傾向にあります。しかし，効率性重視のために負債性金融商品の比率を高めた場合には，成長性が減速した場合には，将来リスクが増大し，結果として大規模なリストラや，最悪の場合，企業の倒産に至ることもあります。

7-2　借入金における将来リスク

7-2-1　借入金の区分

　金融機関からの資金の借入れは，毎期，約定利率に基づく利息の支払いと，償還期限に元本の返済義務を負う有利子負債で，これらの対価の支払の安定は，経営の持続的成長には非常に重要です。

　企業が抱えている借入金の残高は，当期の会計年度末から1年以内に償還期限が到来する「短期借入金」と，償還期限が1年を超える「長期借入金」に区分して財務諸表に反映します。

7-2-2　固定利率と変動利率

　これらの借入金における将来リスクは，まずは，毎期，約定利率に基づく利息の支払いに関する利率変動リスクです。借入金の約定利率には，固定利率と変動利率の2種類があります。

> - 固定利率……償還期限までの約定利率が一定に確定した利率。
> - 変動利率……マクロ市場の利率情勢の変動に基づいて，定期的に適用する利率が変動するもの。そのマクロ市場での利率のベースになる指標は，主にLIBOR（London Interbank Offered Rate：ロンドン市場での資金取引の銀行間平均貸出利率）です。

　固定利率の借入金の場合には，約定利率は固定され，毎期の支払利息のキャッシュ・フローの金額が変動することはありませんが，マクロ市場の利率変動により約定利率が相対的に割高になるリスクがあります。たとえば，借入契約時に比べて会計年度末のマクロ市場での利率が下落している局面では，償還期限まで相対的に割高な利率での利息の支払いをしなければならず，業績悪化要因となります。

　一方で，変動利率の借入金の場合には，約定利率は定期的に変動するため，その変動に伴って，毎期の支払利息のキャッシュ・フローの金額も変動するリスクがあります。特にマクロ市場において利率が上昇している局面では，毎期の支払利息のキャッシュ・フローが増加し，業績悪化要因となります。

　このように固定利率と変動利率の借入金では，企業の業績に与える影響は異なるものの，常に利率変動リスクにさらされていることになります。

7-3　社債の発行による将来リスク

7-3-1　社債の意義

　社債は，設備投資のための資金確保，運転資金への充当，過去に発行した社債の償還資金の調達などの目的のために発行します。

　社債は株式と同様に，企業の重要な資金調達の手段の1つですが，株式とは異なる次の特徴があります。

① **額面価額と発行価額**

　企業が発行する社債の券面には，金額の記載があります。この金額のことを「額面価額」といい，満期日に投資家に返済（償還）される金額をいいます。ただし，社債の発行額は，額面価額と同額とは限らず，額面価額よりも低い価

額で発行する場合は「割引発行」，高い価額で発行する場合は「打歩（うちぶ）発行」といいます。

② （約定）利率

企業が発行する社債の券面には，約定利率と利払日の記載もあります。毎期，約定した期日（通常は，年2回）に約定した利率に基づいて算定された利息の支払いが行われます。

③ 発行日と償還日

社債には，社債の発行日と償還日（満期日）の記載があります。償還日は，発行日から，3年，5年，10年と中長期に及ぶのが一般的です。ただし，実際の償還日は，当初の償還日よりも早められることもあります。

7-3-2　格付けと普通社債の発行条件

社債で設定される約定利率は，発行時における債券市場の利率動向などのマクロ要因に加えて，社債を発行する信用リスクの影響を受けています。将来の倒産リスクが低い信用力のある企業では，低い約定利率で社債を発行できますが，信用力のない企業では，高い約定利率を設定しなければなりません。

企業の信用力は，格付機関が評価した格付け（AAA，BBといった評価）により判別することができ，高い格付けの企業は，低い約定利率で社債発行が可能ですが，格付けの低い企業は，高い約定利率を設定するか，発行価額を額面価額よりも低く抑える割引発行により，事実上，約定利率の調整を行う必要があります。割引発行における発行額と額面額との差額は，利息の前払いとしての特性を有しています。

7-3-3　新株予約権付社債

社債には，普通社債のほかに，「新株予約権付社債」があります。ここに「新株予約権付社債」とは，新株予約権を付与した社債のことをいい，権利行使期間内に新株の発行または株式の移転を請求できるものです。新株予約権付社債は，新株予約権の権利行使時に，社債保有者が対価の払込み方法の違いから，次の形態に分類できます。

① 転換社債型新株予約権付社債

新株予約権行使時に，現金による払込みの代わりに社債を払込みに用いることがあらかじめ決められている社債をいいます。この現金の代わりに社債を払込みに用いることを「代用払込み」といいます。この形態の社債の保有者は，新株予約権行使後は，図表7－2のように，社債保有者としての立場から株主への立場に変換します。

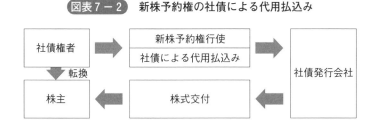

図表7－2　新株予約権の社債による代用払込み

② その他の新株予約権付社債（転換社債型新株予約権付社債以外の新株予約権付社債）

新株予約権者に，払込み方法を，現金による払込みか社債部分の払込みに充てるかの選択を認めている社債をいいます。この形態の社債保有者が現金での払込みを行った場合，新株予約権行使後は，図表7－3のように，社債保有者と株主の立場の双方を有することになります。

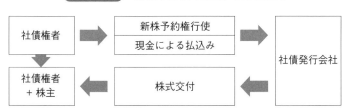

図表7－3　新株予約権の現金による払込み

7-3-4　償却原価法に基づく社債の期末評価

企業が発行した社債は，発行日に発行価額に基づいて会計上で認識しますが，毎会計年度末には，「償却原価法」に基づいて評価額を算定します。

ここに「償却原価法」とは，社債を額面価額よりも低い（または高い）価額

で発行し，その差額が利率の調整と認められる場合に，その差額を満期日まで毎期一定の計算法で，社債評価額に加算（または減算）する債券の評価法です。その差額を償還期限までの会計期間に配分する金額は，「実効利率」に基づいて算定します。ここに「実効利率」とは，将来の現金支払額から当期の現金受領額を割り引く際に適用される利率をいい，**図表７－４**のようになります。

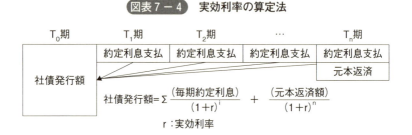

図表７－４　実効利率の算定法

連結財政状態計算書および貸借対照表における社債の評価額は，発行価額に実効利率に基づいて算定した償却原価を加算した額であり，当該社債の会計年度末での市場での売買価額（公正価値）とは異なります。

社債の償還時では，多額の資金が必要になり，その時期に資金調達環境の悪化などにより，予定どおりの償還ができないリスクも存在します。そのリスクを「流動性リスク」といいます。このリスクに関連する情報は，財務業務の基本方針として年次事業計画における資金調達計画を織り込むのが一般的であり，さらに当会計年度末から今後５年間の間に償還期限をむかえる社債については，連結財務諸表注記の「金融商品」項目に償還期限と金額が開示されます。

7-3-5　計算事例：償却原価法にもとづく社債の期末評価

ある企業において，T_0期の期首に，額面（1,000），約定利率（４％／年），満期日T_4期末（発行期間５年），発行価額（950）にて発行したとします。この社債における毎期の償却原価，約定利息および期末評価額は，**図表７－５**のとおりです。なお，約定利息は，各会計年度末に現金で受領したとします。

図表7－5 実効利率法に基づく社債の期末評価額

		T_0期	T_1期	T_2期	T_3期	T_4期
発行価格		950				
償却原価	①	49	49	50	50	51
約定利息	②	40	40	40	40	40
期末評価額	③	959	969	978	989	1,000

・小数点以下，四捨五入
①＝前期末評価額×実効利子率（5.16％）
②＝額面価額×約定利率（4％）
③＝前期末評価額＋償却原価－約定利息

　この期末評価額が，各会計年度の連結財政状態計算書（および貸借対照表）に反映され，償却原価に相当する金額が，連結損益計算書（および損益計算書）に反映されます。たとえば，T_1期における連結財務諸表へ与える財務的影響を示すと，**図表7－6**のとおりです。

図表7－6 社債発行に伴う連結財務諸表への影響

連結財政状態計算書(T_1期末)	連結損益計算書(T_1期)	連結キャッシュ・フロー計算書(T_1期)
資産　負債	売上収益	営業キャッシュ・フロー　40
非流動負債	：	：
社債　969	金融費用　49	
資本		

Column 7.2

日本基準に基づく社債の期末評価

　償却原価の算定方法には，「実効利率法」のほかに，発行価額と額面金額との差額を毎期一定額ずつ加算（または減算）する「定額法」もあります。日本基準では，実効利率法のほかに定額法も代替処理法として認めていますが，IFRSでは，利率の実質負担の実態を正確に反映するために，定額法の適用を原則認めておらず，実効利率法のみ適用可能です。

7-4　割賦未払金およびリース債務の将来リスク

7-4-1　割賦未払金

　有利子負債には，借入金や社債のように，元本の返済は，償還期限に一括して返済する形態のほかに，毎期の対価の支払において，利息支払とともに元本の一部返済を行う形態もあります。そのような対価の支払形態では，毎期の支払額を一定にする「元利均等払い」の形態をとるのが一般的で，この有利子負債の代表的なものが「割賦未払金」と「リース債務」です。

　「割賦未払金」とは，企業が固定資産の対価を分割して支払う割賦契約で取得した場合における，対価の未払分に相当します。割賦契約による固定資産の取得価額は，現金払いによる資産の取得よりも割高に設定されており，その差額分が，実質的な利息の上乗せ分です。そのうえで，毎期，分割して支払う金額は，利息支払分と元本の返済分から構成されます。

7-4-2　リース債務

　企業が固定資産を取得する場合には，割賦契約ではなく，「リース契約」に基づくこともあります。ここに「リース契約」とは，自社（「借手」といいます）が他社（「貸手」といいます）から，有形固定資産（「リース財」といいます）を一定期間，貸与を受ける契約をいいます。リース契約には，リース財を数日から数週間レベルの短期間のレンタル形式のものから，リース財の耐用年数のほぼ全期間におよぶ長期間となる形式もあり，企業会計では，双方のリースを明確に区分しています。

- オペレーティング・リース：リース期間が短期間で，リース期間終了後には，貸手に返還されるリース契約
- ファイナンス・リース：リース期間が長期で，リース期間がリース財の耐用年数とほぼ同期間，またはリース料の支払総額がリース財の購入価額とほぼ同額であるリース契約で，リース期間終了後には，実質的に貸手に返還されることのないリース契約

このうち，ファイナンス・リースは，取引の経済実質は割賦契約とほぼ同じです。ファイナンス・リースにおいて設定される毎期のリース料は，利息支払分と元本の返済分から構成されることになり，「リース債務」は，約定したリース料総額のうち，当会計年度末時点で未払分が該当します。

7-4-3　オペレーティング・リース債務

　一方，オペレーティング・リースは，ファイナンス・リースに該当しないすべてのリースが対象となるため，その実態は，2－3日の賃貸であるレンタルから，リース期間が2，3年さらには10年，20年といった長期におよぶリースまで幅広いのが実情です。オペレーティング・リースは，貸与を受けたリース財は，物件の一時的貸与として取り扱われるため，資産計上は行わないとともに，将来のリース料の負担義務も負債計上しません。ただし，オペレーティング・リースから生じる将来のリース料の負担義務は，ファイナンス・リースのリース債務と同様の有利子負債としての特性は有しています。オペレーティング・リースに基づく将来の約定支払リース料は，連結財務諸表注記の「オペレーティング・リース債務」項目において，当会計年度末から今後5年間の金額が開示されます。

　賃貸による店舗展開を中心としている企業では，多くの賃貸物件がオペレーティング・リースに該当し，都市部の大型店舗の場合には10年を超える長期間にわたる賃貸契約を締結している場合もあるため，オペレーティング・リースから生じるリース債務総額は，かなりの規模に達する場合も多くあり，企業の中・長期的な財務的負担に重大な影響をもたらします。そのため，それらの支払義務は，有利子負債のリスク分析では，分析対象に含めなければならない重要な項目になります。

7-4-4　計算事例：支払リース料の元利均等払いの債務返済

　ファイナンス・リース契約に基づいて毎期支払うリース料は，利息負担分と元本返済部分から構成されており，利息と元本返済額の合算額が常に一定である元利均等払いの債務の特徴があります。

　たとえば，資産（249）をリース期間（3年），毎期のリース料（100），リー

スの実効利子率（10％）のリース取引により取得したとします。その際，毎期のリース料における支払利息と元本返済額は，**図表7－7**のとおりです。

図表7－7 リース債務の元利均等払い

		T_0期	T_1期	T_2期
リース債務：開始時		249		
支払リース料		100	100	100
支払利息	①	25	17	9
リース債務返済分	②	75	83	91
リース債務：期末評価額	③	175	91	0

・小数点以下，四捨五入
①＝前期末評価額×実効利子率（10％）
②＝支払リース料－支払利息
③＝前期末評価額－リース債務返済分

7-4-5 IFRS：新リース会計基準

IFRSでは，2016年に「リース会計」に関わる新たな会計基準を公表し，2019年1月1日以降開始事業年度から適用されています。新リース会計基準では，「リース」の定義を変更するとともに，特に借手の処理を大幅に変更し，リース開始時点でオンバランス化を求めています。

- 「リース」の定義：リースとは，資産を使用する権利を一定期間にわたり対価と交換に移転するすべての契約。
- 借手の「リース」の会計処理：リース開始時点において，リース料の支払義務を「リース負債」として認識するとともに，リース期間にわたりリース財を使用する権利を「使用権資産」として認識する。

ただし，例外として，リース期間が12カ月内の短期リースまたは少額リースだけは，現行のオペレーティング・リースに基づく会計処理が選択可能です。

新リース会計基準の適用後は，現行ではオペレーティング・リースに区分されている数年単位の契約期間の賃貸オフィスなどが，オンバランスとなる主な

対象となります。そのため，賃貸オフィスの比率が大きい企業の連結財政状態計算書では，資産および負債の計上額が急増する可能性があります。

7-5 負債性金融商品を活用した資金運用

7-5-1 余剰資金の安定運用形態

企業が保有する余剰資金を効率的に運用する際に負債性金融商品を活用することもあり，その代表的な項目は，次のとおりです。

- 資金の貸付け業務……企業の余剰資金を他の企業へ貸し付ける場合，当期の会計年度末から1年以内に元本の返済日がくる貸付金を「短期貸付金」，1年を超過する貸付金を「長期貸付金」といいます。
- 他社の発行した社債の保有業務……企業の余剰資金の安定運用目的で，他社が発行した社債を購入して保有している場合で，主にその社債の満期日（元本返済日）まで保有して約定利率に基づく利息の受領を目的とします。このような保有社債のことを「満期保有目的」の社債といいます。

7-5-2 貸付金の信用リスク

企業の余剰資金を他社へ貸付けを行う場合，企業に発生する将来リスクとは，約定利率に基づく受取リスクの受領と償還期限における元本の受領が予定どおりに履行されない信用リスクです。資金の貸付け業務を行う場合には，そのリスクに備えるために，毎会計年度末に，貸付金の回収可能性を見積もり，回収不能見積額について「貸倒引当金」を設定し，毎期の貸付金残額から当該金額を控除して期末の評価額を算定するとともに，当期に発生した回収不能見積額を「貸倒引当金繰入額」として当期の費用として計上します。

7-5-3 計算事例：貸付金の回収可能性

A社では，他社に対する貸付金について，当会計年度末（T_1期）に残高（100，貸付開始：当会計期間期首，貸付期間：2年，約定利率：3％，利息受領日：各会計年度末日）があったとします。当会計期末において，貸付金の回収可能性を検討し，貸付金残高の2％の貸倒引当金を設定した場合，当会計期

末における同貸付金が連結財務諸表に与える財務的影響は，**図表 7 − 8** のとおりです。

図表 7 − 8　貸付金の財務的影響

連結財政状態計算書(T₁期末)			連結損益計算書(T₁期)		連結キャッシュ・フロー計算書(T₁期)	
資産		負債	売上収益		営業キャッシュ・フロー	② 3
流動資産			：			
短期貸付金	100		金融収益	② 3		
貸倒引当金 ① 2	98	資本	金融費用	① 2		

① 貸付金（100）×貸倒見込率（2％）
② 貸付金（100）×約定利率（3％）

7-5-4　満期保有目的の社債の期末評価

　企業では，余剰資金の安定運用として，他社が発行した社債の約定利息の受領を主目的として，当該社債の償還期限まで保有することがあります。そのような運用を「満期保有目的」といい，当該保有社債の評価は，実効利率による償却原価法に基づき，社債の期末残高および当期変動分を反映させます。

7-5-5　IFRS：金融商品の新会計基準の動向

　IFRSでは，「金融商品」に関わる新たな会計基準を公表し，2018年 1 月 1 日以降開始事業年度から適用予定です。この会計基準における，負債性金融商品による資金調達から生じる「金融負債」の分類とそれぞれの測定方法は，**図表 7 − 9** のとおりです。

図表 7 − 9　新基準に基づく金融負債の分類と測定法

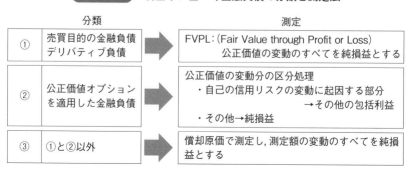

なお,「公正価値オプション」とは,企業の選択により,金融負債を認識する時点において,保有期間中の会計期末では公正価値で測定し,価値変動分は純損益に反映させるものとして指定することをいいます。

一方で,負債性金融商品による資金運用(主に他社の発行した社債保有)と資本性金融商品による資金運用(主に他社の発行した株式保有)から生じる「金融資産」の分類とそれぞれの測定方法は,**図表7－10**のとおりです。

図表7－10　金融資産の財務的影響

		契約上のキャッシュ・フローの特性	
		元本と利息のみ	それ以外
事業モデル	契約上のキャッシュ・フローの回収	償却原価	②FVPL
	契約上のキャッシュ・フローの回収と売却	①FVOCI	
	それ以外		

①FVOCI：(Fair Value thorough Other Comprehensive Income)
　　　　公正価値の変動のすべてをその他の包括利益とする
②FVPL：(Fair Value through Profit or Loss)
　　　　公正価値の変動のすべてを純損益とする

なお,「事業モデル」とは,個々の金融資産についての経営者の保有意図ではなく,事業部門やポートフォリオ単位などの集約されたレベルでの企業活動に関する観察される事実により判断します。一方で,「契約上のキャッシュ・フローの特性」とは,金融資産からの契約上のキャッシュ・フローが,特定の日における元本の返済と元本残高に対する利息の支払に限られるかどうかで判断します。

上記の図表における①および②の期末評価では,その他の包括利益の純損益への組替え調整(リサイクル)について,次の規定も置いています。

① FVOCI……金融資産がFVOCIに該当する場合には,公正価値の変動のすべてを「その他の包括利益」とし,当該資産の認識の中止を行った時点で,リサイクルを行います。

② FVPL……FVPLに該当し売買目的以外の資本性金融商品については,公正価値の変動等を「その他の包括利益」とし,リサイクルしないオプション(選択適用)を認めています。

7-6 Tableauを活用した財務報告分析

7-6-1　Case Study：有利子負債

　Tableau Publicにおける「グローバル企業の財務情報」(Sec.7 負債性金融商品による資金調達と運用) を開き，(総合商社) の中から数社をクリックして下さい。比較対象企業の非流動負債の「有利子負債」項目を選択すると，個別項目の時系列推移が把握できます。過去5年間の計上金額の変動推移を分析しましょう。

7-6-2　Case Study：リース債務

　Tableau Publicにおける「グローバル企業の財務情報」(Sec.7 負債性金融商品による資金調達と運用) を開き，(小売業 Fast Fashion) の中からファーストリテイリングをクリックして下さい。同社の「リース債務」項目を選択すると，ファイナンス・リースおよびオペレーティング・リースの時系列推移が把握できます。過去5年間の計上金額の変動推移を分析しましょう。

7-6-3　Case Study：支払利息

　Tableau Publicにおける「グローバル企業の財務情報」(Sec.7 負債性金融商品による資金調達と運用) を開き，(情報通信) の中からソフトバンクを選択して下さい。同社の「有利子負債」，「支払利息」および「営業利益」項目の時系列分析を行いましょう。

　有利子負債の比率が大きい企業の場合，支払利息の毎期の負担額が大きくなり，経営を圧迫することがあります。特に営業利益の水準と比較して，支払利息の規模が大きい場合には，収益性の向上を目的とした資金調達が十分に機能せず，成長要因ではなく経営の圧迫要因となります。

演習問題

Q1 負債性金融商品の具体的な項目とその特徴について説明しなさい。

Q2 流動負債と非流動（固定）負債の区分はどのように行うか，また非流動負債には具体的にどのような項目が計上されるか，説明しなさい。

Q3 法的債務のうち一部の債務は，連結財政状態計算書の負債に反映されないことがあります。その具体的な項目と反映されない理由について説明しなさい。

Q4 自社が発行した社債は，連結財政状態計算書に計上する際の価額はどのように算定するか説明しなさい。

Q5 負債と資本との異同点について説明しなさい。

Q6 元利均等払いの負債性金融商品の具体的な項目とその特徴を説明しなさい。

Q7 負債を多額に計上している企業の特徴について説明しなさい。

Q8 無借金経営とは，どのような経営手法か説明しなさい。

Q9 オフバランスになっている法的債務の具体的な項目をあげるとともに，その規模を把握する方法について説明しなさい。

Q10 新株予約権付社債の特徴について説明しなさい。

第8章

資本性金融商品による資金調達と運用

8-1 株式会社における株式の意義

8-1-1 株式会社における「会社法」の意義

「株式会社」とは,株式を発行して投資家から資金を調達し,その資金で事業活動を行う会社です。日本の会社法(以下,「会社法」という)では,会社の形態として,合名会社,合資会社,合同会社および株式会社の4種類の会社を認めています。その中で,株式会社は,広く投資家から資金調達を行える点に特徴があり,株式を証券市場で公開すれば,一般の投資家でも当該株式を購入可能になります。

日本の市場において株式会社を設立し,株式を発行する場合には,個々の会社ごとに「会社法」の影響を受けるため,本章では,企業グループ全体の視点ではなく,親会社または子会社の会社単位の視点から,主に「会社法」の解説を中心に行い,適宜,会社法の規定が,連結財務諸表に与える影響を解説することにします。

8-1-2 株式発行による資金調達と運用

株式会社が株式を発行することにより,発行主体である会社では,営業用の安定資金を確保することができるとともに,その株式を保有する株主は,事業が成功して会社が利益を計上すれば,株価の上昇に伴うキャピタル・ゲインを得ることができるとともに,保有株式数に応じて配当金や株主優待などのインカム・ゲインも受け取れます。

一方で,業績が悪化した場合には,株価が下落したり配当金が減少して,最

悪の場合には会社が倒産し，投資した株式の価値はゼロになります。

　このような特徴を有する株式のことを「資本性金融商品」といいます。株式会社では，資本性金融商品について，自社で発行する場合とともに，他社が発行した株式への投資取引も経常的に行っています。その代表的な取引形態をまとめたものが**図表8－1**です。

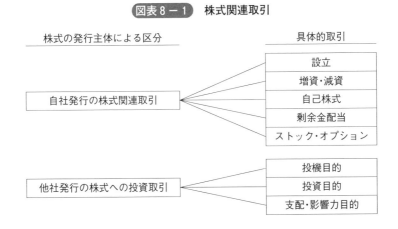

図表8－1　株式関連取引

8-2　会社設立時における資本構成

8-2-1　会社の設立

　会社法では，株式会社の設立について，次の手順に基づいて成立することを定めています。

---
① 1名以上の発起人が必要であり，発起人は会社の根本規則である定款を作成する。
② 株式会社の成立までに定款に会社が発行する株式の発行可能株式総数（これを「授権株式数」といいます）を記載する。
③ 発行可能株式総数のうち4分の1以上の株式を発行（これを「発行株式数」といいます）し，株主から払込みを受ける。
④ 設立登記をする。

株式会社が発行する「株式」とは，当該会社における株主たる地位をいい，株主の地位は，出資者としての割合的単位の形で株券に表章され，その地位は株券の売買で変動します。

8-2-2　株式発行時の資本金および資本準備金の計上

会社法では，株式の発行にあたり，払い込まれた金額は，原則として全額，「資本金」項目に反映しますが，払込金の2分の1を超えない範囲で，「資本剰余金」に含まれる「資本準備金」項目に組み入れることを容認しています。

たとえば，A社が，設立に際して，授権株式総数3,000株のうち1,000株を発行して，投資家から1,000の払込みを受け，資本組入は会社法上の最低限度額とした場合のA社の貸借対照表は，**図表8－2**のとおりです。

図表8－2　会社設立時の貸借対照表

A社　貸借対照表

資産				
流動資産		負債		
現金及び預金	1,000	純資産		
		株主資本		
		資本金		500
		資本準備金		500

> **Column 8.1**
> **授権株式数と発行株式数**
> 　日本の会社法では，授権株式数と発行株式数との関係について，授権株式数の4分の1以上の株式を発行しなければなりません。そのため発行株式数の授権株式数に対する比率は，常に25％以上になっていますが，具体的な比率は，会社ごとに異なっています。ただ，現会社の経営陣と対立する投資家による敵対的な買収を回避するために，敵対的な株主の比率が増した状況では，新たな株式を発行して，それらの株主の株式保有比率を引き下げる対策をとるように，発行余力を残しておくのが一般的で，具体的には発行株式数を授権株式数の3分の1水準にとどめておくのが一般的です。

8-3　増資と減資

8-3-1　実質的増資と形式的増資

　会社が資本金の増加を行う行為を「増資」といい，その形態は，会社の株主資本の増加を伴う実質的増資と，会社の株主資本は変動せず，その内訳構成のみが変動するだけの形式的増資とに区分することができ，その具体的な形態は，図表8－3のとおりです。

図表8－3　増資の形態

区分	増資の形態	内容
実質的増資	通常の新株発行	新株を発行し，払込みを受ける
	新株予約権の権利行使	新株予約権の行使により新株を発行し，払込みを受ける
	M&A	他社を買収し，対価として被買収会社の株主に，自社の株式を交付する
形式的増資	計数の変動による資本金組入れ	資本剰余金，利益剰余金を資本金に組み入れる

8-3-2　通常の増資

　会社では，会社設立後，適宜，増資が可能です。その代表的な例は，資金調達の必要が生じた際に新株を発行し，出資者からの払込みを受けて純資産を増加させる行為です。このような新株発行を，実質的増資（または，「有償増資」ともいいます）といい，出資者からの払込金は，全額を資本金に組み入れるの

が原則です。ただし，増資の場合も，設立時と同様に，払込金額の2分の1を超えない額は資本金としないことができ，資本に組み入れない部分は資本準備金としなければなりません。

Column 8.2

普通株式と優先株式

　企業が発行する株式には，その権利の内容の違いにより異なる形態が発行されることがあります。通常，発行される株式は，「普通株式」といい，株主には，株主総会での議決権が付与され，重大な経営事項の意思決定や配当額の決定に関与する権利が与えられるとともに，会社の解散時には残余財産への請求権もあります。

　そのほかには，「優先株式」といい，株主には議決権がない代わりに，普通株式よりも優先的に配当の支払や残余財産の分配が行われ，会社の業績にかかわらず，普通株主に優先して固定配当が受けられる権利が与えられる株式が発行されることもあります。

8-3-3　新株予約権の行使による新株発行

　「新株予約権」とは，株式会社に対して行使することにより当該会社の株式交付を受けることができる権利をいい，会社側では，社債に添付して発行する新株予約権付社債の形態のほかに，新株予約権単独で発行することも可能です。

　会社が新株予約権を発行した場合，投資家から受領した対価は，「新株予約権」項目で，純資産の部に計上しますが，その項目は，発行しただけではそれが将来行使される可能性は判断できず，一種の預り金（または仮受金）の特性を有するため，純資産の部に株主資本以外の項目として区分して記載します。

　そのうえで，新株予約権者が権利行使した場合には，会社では，新株予約権者に対して株式を交付します。その株式の交付のために新株を発行することになりますが，その交付株式の一部を会社が保有している自己株式を交付（移転）することもあります。

8-3-4　M&A実施時における新株発行

　ある会社が，他の会社をM&A（買収・合併）する際に，その会社の取得対価としては，現金による支払いと自社の株式の交付のいずれかの方法がとられ

ます。その対価として，自社の株式を交付する場合に，新株が発行されます。この手続きについては，第11章で詳しく説明します。

8-3-5 　計数の変動による資本金組入れ

　会社法では，原則として，株主総会の決議によって期中のどの時点においても，株主資本の計数を変動させることを認めています。ここに「計数の変動」とは，資本金，準備金（資本準備金，利益準備金）および剰余金（その他の資本剰余金，その他の利益剰余金）の間で，各項目の金額を変動させるすべての取引をいい，株主総会決議により実施可能です。

8-3-6 　減　　資

　減資とは，会社設立後に会社の資本金を減少させることをいい，現状どおりの経営の継続が困難になった局面で主に行われます。会社法では，減資については，株主総会の特別決議による厳格な手続きを定めており，その形態は**図表8－4**のように区分できます。

図表8－4　減資の形態

区　　分	増資の形態	内　　容
実質的減資	株式の買入消却	市場から自己株式を買い入れて消却する方法
形式的減資	株式併合	2株を1株にするなど株式を併合する方法

　会社では，事業規模の縮小や収益悪化に伴う営業譲渡目的で，不要になった株主資本部分を株主に返還するために減資を行うことがあります。この場合，自己株式を市場から買い入れて，その株式を消却する手続きをとります。その自己株式の買入の際の対価の支払として現金支出を伴うため，実質的減資（または「有償減資」）といいます。

　さらに，会社の資本（資本金と資本剰余金の合計額）に欠損（純資産額が資本を下回っている額）がある場合に，欠損金を切り捨てる目的で，その欠損金に見合う資本金を減少されることがあります。この方法では，資本金と未処理損失を単に計算上で相殺し，純資産そのものの減少は伴わないため，形式的減資（または，「無償減資」）といいます。

8-4 自己株式

8-4-1 自己株式の意義

会社が一旦発行した自社の株式を取得し保有している場合，この株式を「自己株式」といい，「金庫株」ともいいます。自己株式の取得は，資金調達のために発行している株式の払戻しと類似する効果を生じ，資本充実に反して債権者の権利を害する理由から，日本では，長い間，原則，その取得が禁止されてきました。しかし，2001年（平成13年）以降は，株主総会決議により，分配可能額の限度内であるならば，取得目的や株式数を問わず，自己株式を取得することが可能です。取得した自己株式の主な利用目的は，次のとおりです。

---

① 第三者への再売買目的
② 転換社債，新株予約権付社債，ストック・オプションなどの新株予約権の行使者への交付目的
③ 合併や株式交換での交付目的
④ 株式の消却目的

8-4-2 自己株式の取得

会社が，自己株式を市場から取得した際には，実際に支出した金額で計上し，会計年度末においても，その取得原価のまま評価額を維持します。たとえば，A社では，設立時に発行した（1,000株：単価1）の株式（全額，資本金として計上）のうち，当期に（100株）を単価（5）で合計（500）の取得原価で購入していたとすると，当期末のA社の貸借対照表は，**図表8－5**のようになります。

図表8－5　自己株式の取得

A社　貸借対照表

資産			負債		
流動資産					
現金及び預金	500		純資産		
			株主資本		
			資本金	1,000	←1,000株
			：		
			自己株式	△500	←100株

自己株式取得に伴う (500) の減少→

8-4-3　自己株式の処分

保有自己株式は，市場において再度販売して処分することもあります。この場合，処分自己株式の評価額と処分により受領した対価との差額を「その他の資本剰余金」項目に計上し，当期の損益には反映させません。これは，自己株式の処分において生じるこの差額は，処分した自己株式を取得した株主からの新たな資本拠出とみなし，実質的な増資として，当該売却差額は「その他の資本剰余金」項目に計上します。

8-4-4　計算事例：他社の株式売買と自己株式の売買

A社では当期にB社の株式（100）を取得し，当期中に同株式を（120）で売却するとともに，当期に自己株式（A社株）を（100）で取得し，当期中に同株式を（120）で売却したとします。これらの株式取引の財務的影響を比較すると次のようになります。

● B社株式の売却差額（20）＝売却価額（120）－取得原価（100）

この売却差額は，連結損益計算書では「金融収益」，損益計算書では特別損益項目の「有価証券売却益」に反映されます。

● 自己株式（A社）株式の売却差額（20）＝売却価額（120）－取得原価（100）

この売却差額は，連結財政状態計算書では資本の部の「資本剰余金」，貸借対照表では純資産の部の「その他資本剰余金」に反映されます。

8-4-5 自己株式の消却

会社では，取締役決議により，所有する自己株式を消却することができます。この場合には，自己株式の評価額を「その他資本剰余金」項目から減額します。

これら自己株式の変動については，変動株式数を連結財務諸表注記「資本金，資本剰余金，利益剰余金及び自己株式」項目にて開示しなければなりません。

8-5 剰余金配当

8-5-1 剰余金の形態と剰余金の配当

剰余金とは，次の2つの構成要素から成り立っています。

- 資本剰余金……新株発行等の資本取引において，資本金に組み込まれた部分以外が対象となります。
- 利益剰余金……営業活動等の損益取引からの成果（利益）のうち，株主に配当されずに会社内部に留保された部分が対象となります。

会社法では，原則として株主総会の決議により，剰余金は株主に配当することが可能です。この配当には，金銭による分配（現行の「利益配当」や「中間配当」）のほか，資本金および準備金の減少に伴う払戻し，自己株式の取得により株主に対して交付する金銭も対象に含めます。

8-5-2 剰余金の分配可能額

会社法では，期中にいつでも，株主総会や取締役会の決議により剰余金の配当や自己株式の取得を認めています。この期中の随時行われる剰余金の分配に対応するため，分配の可能額の計算を簡潔かつ明確にする必要があります。

現行の会社法では，剰余金の分配可能額は，次の計算式から算定することを定めています。

剰余金の分配可能額 ＝ 剰余金の配当等の効力発生日における剰余金の額 － （①分配時における自己株式の帳簿価額＋②最終事業会計年度末日から分配時までの間に自己株式を処分した場合の処分対価の額＋③その他法務省令で定める各勘定科目に計上した額）

会社では，株主総会の決議により剰余金の分配を決定でき，取締役会で従来

の中間配当の制度も利用できます。従来は，配当は決算時と中間配当の年2回に制限されていましたが，自己株式の取得は適宜可能である規定に合わせるため，利益配当の機会も適時可能な形に変更されています。

8-5-3 利益還元の財務戦略

　企業では，株主に対する利益還元は，経営の最重要課題の1つであり，恒常的な業績向上と，業績に応じた適正な利益配分を継続的に実施する必要があります。その主な利益還元策は，株主への配当と自己株式の取得です。株主への配当では，将来のグループ事業拡大や収益向上を図るための資金需要と財務の健全性を考慮したうえで，業績に連動した高配当を実施する必要があり，自己株式の取得は，事業環境や財務状況の中期的な見通しを踏まえて実施の是非を検討します。株主への配当について企業がかかげる主な財務戦略内容は，次のとおりです。

① **配当の時期と決定機関**

　会計年度末の年1回の期末配当のみか，期末配当と中間配当の年2回実施するケースが最も多いです。そのうち年2回の配当を行う場合には，期末配当は株主総会，中間配当は取締役会にて決定するのが一般的です。

② **配当額の決定方針**

　剰余金配当の金額については，中期経営計画に基づいて，1株当たりの配当金を一定の下限を設けて保証するケースもありますが，当期純利益に連動して配当額を決定する傾向が多いです。その際の当期純利益とは，親会社個別の当期純利益ではなく，企業グループ全体の連結損益計算書における当期純利益を基礎し，次の計算式から算定する「連結配当性向」を一定水準に維持する形で，毎期の配当額を決定するのが一般的です。

$$連結配当性向（\%） = \frac{配当額}{親会社株主に帰属する当期純利益} \times 100$$

　配当性向が低い企業は，利益を内部留保することを重視する戦略をとっていることを示します。成長段階にある企業では，利益をできるだけ投資に回すこ

とで成長して企業価値を上げるので，配当性向は低くなる傾向にあります。一方で，成熟企業は投資を必要としていないため，高い配当性向を市場は期待します。

配当性向は，通常は，20〜30％程度ですが，剰余金を取り崩して当期純利益よりも多い配当を実施した場合，配当性向が100％を上回る場合もあります。

> **Column 8.3**
> **Apple社の財務戦略の転換**
> 　米国のApple社は，2012年に，10年間，無配を続けてきた財務戦略を180度転換し，2012年以降の3年間で，配当および自社株買いの資金として450億ドルを使うことを発表しました。Apple社は，経営危機に直面した1990年代からは，将来投資を優先して株主への配当は行ってきませんでしたが，2000年代に入って，iPod，iMac，iPhone，iPadなどのデジタルデバイスの大ヒット商品の誕生により，資金的余力が増し，2012年以降は，株主還元を優先する財務戦略への転換を図っています。

8-6　ストック・オプション

「ストック・オプション」とは，会社が従業員等（経営者を含む）に対して報酬として自社の新株予約権を与えることをいいます。ストック・オプションを付与された従業員等は，一定期間以上勤務した等の条件をクリアした日（権利確定日）以降，一定期間（権利行使期間）内で権利を行使することができます。そのうえで，従業員等は，低い価格で自社株式を購入した上で，市場で高く売ることができ，権利行使価格とともに市場価格の差額を利益として享受できます。

ストック・オプションは，従業員等に対する報酬として付与されるものであり，付与日から権利確定日まで（対象勤務期間）の間，毎期の費用として計上します。その金額は，付与日におけるストック・オプションの公正な評価額を，対象期間を基礎とする方法などの合理的な方法で配分した額とし，「株式報酬費用」として費用計上するとともに，同額を「新株予約権」として純資産の部に計上します。権利確定日後は，他の新株予約権と同様の会計処理を行います。

8-7　他社の株式への投資と時価評価

8-7-1　他社の株式への投資における時価評価の必要性

　会社では，自社で株式を発行するだけでなく，他の会社が発行した株式への投資も行っており，その保有目的は，主に次の２つの要素に区分することが可能です。

①　運用目的

　株式は，証券市場で売買され，株価が変動するため，その株価上昇に伴うキャピタル・ゲインと配当金の受領によるインカム・ゲインを取得する目的で，他社の株式を保有します。

② 　経営権の取得目的

　株式には，議決権が付与されているため，高い保有比率を有することで，会社の経営権を取得することを目的として株式を保有します。

　他社の株式への投資は，「金融資産」として位置づけられ，建物や備品などの「事業性資産」と異なる特性があります。運用目的で保有する金融資産と事業性資産の特性を比較してみると**図表８－６**のとおりです。

図表８－６　運用目的の金融資産と事業性資産の比較

	運用目的の金融資産	事業性資産
保有目的	キャピタル・ゲイン，インカム・ゲインの獲得	営業活動での使用
当期の価値変動	市場価値の変動による価値増減	資産の使用による価値減少
当期損益	評価差額（損益）の発生	減価償却費の発生
当期末評価額	会計年度末の市場価値	取得原価－減価償却累計額

　運用目的の金融資産では，キャピタル・ゲインおよびインカム・ゲインの獲得を目的としているため，そのキャピタル・ゲインを反映した会計年度末の市場価値は，その金融資産の実質価値を反映していることになります。そのため，運用目的の金融資産の期末評価は，時価（市場価値）評価により行います。

8-7-2　時価と公正価値との関係

　時価は，市場で形成されている価格を反映した評価額を意味しますが，その市場とは，秩序ある取引関係，すなわち，「独立した第三者間での取引（Arm's Length Transaction）で形成された取引価格」を前提としています。このような市場での取引価格は，取引時点での最も客観的でかつ信頼性の高い価値指標としての特性を有するもので，「公正価値」といいます。

8-7-3　公正価値の種類

　株式をはじめとした金融資産の売買は，証券市場での市場取引により行われるケースもあれば，当事者同士での相対取引により行われるケースもあります。さらに，証券市場での売買といっても，東京証券取引所1部上場会社の株式のように，日々，多額の売買取引が行われているケースから，店頭市場で上場している一部の株式のように，数日または数週間の間，一度も取引が行われていないケースまであります。そのため，会計年度末の時価といっても，その算定方法に一定のルールが必要になります。

　このような個々の金融資産の特性を考慮して，時価評価の対象となる公正価値について，IFRSでは，次の3つのカテゴリーに区分して，その価値の客観性・信頼性を区分しています。

- レベル1……活発に取引される市場で公表価格により測定した公正価値。
- レベル2……レベル1以外の測定可能な価格を，直接的または間接的に使用して算出した公正価値。たとえば，金利，イールド・カーブ，為替レートおよび類似の金融商品に含まれるボラティリティ等の測定日における観察可能なデータを指標とする評価モデルがあります。
- レベル3……観察不能なインプットを含む評価技法から算出した公正価値。たとえば，非上場株式，一定期間ごとに区分した債務ごとに債務額を満期までの期間および信用リスクを加味した利率により割り引いた現在価値などがあります。

8-8　保有株式の評価法

8-8-1　投機目的の保有株式への時価評価

　会社が，短期間での株価上昇の利得を得るキャピタル・ゲインの獲得を目的で，他の会社の株式を保有している場合，当該保有株式は，投機目的の株式と位置づけられます。一般事業会社では，株主の承認を得ることが困難であるため，投機目的で株式を保有することはほとんどありませんが，資金の運用を主要業務とする投資会社や金融機関では，積極的に投機目的で株式を保有します。

　投機目的の株式の時価評価に伴う財務的影響は，次のとおりです。

- 株式の期末評価額　＝　期末時点の公正価値
- 株式の評価損益　＝　期末時点の公正価値　－　取得原価
　　　　　　　　　→　当期損益に反映

　ある会社が，投機目的でA社株式（100）とB社株式（100）を取得し，A社株式は，当会計年度中に（120）で売却したのに対して，B社株は当期末時点では継続して保有していたとします。当期末のB社株式の公正価値は（120）であったとすると，A社株およびB社株の財務的影響を示すと次のとおりです。

　A社株式は，市場で株式を売却し対価として現金を受領しているため，売却益（20）は，実現利益（現金の裏付けのある利益）の特性を有しています。しかし，B社株式は，会計年度末では，まだ保有段階で売却されていないため，評価益（20）は，実現可能利益としての特性しか有していないことになります。ただし，B社株式から生じる評価益も，翌期の早い段階で売却予定であることを考慮して，A社株式から生じる売却益と同様に，連結損益計算書および損益計算書に反映します。

　連結財務諸表および個別財務諸表に対する財務的影響をまとめてみると，図表8-7のとおりです。

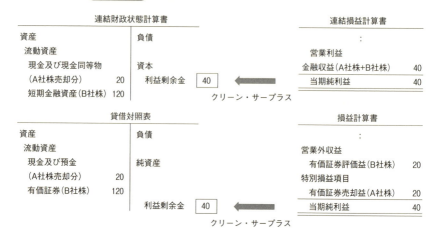

図表8－7　投機目的の株式のクリーン・サープラス

この時価評価による会計年度末の公正価値と取得原価との差額を評価損益として損益計算書に反映させる方法は，「クリーン・サープラス」といい，販売活動によって実現した利益を反映した指標である当期純利益に，まだ手元に保有していて実現していない評価損益も一部反映されます。

8-8-2　投資目的の保有株式への資本直入方式の時価評価

会社では，運用目的のほかに，取引関係の円滑化を促進するために，取引当事者が相互に株式を持ち合うこともあります。そのような保有株式は，中・長期間保有されるため，短期で売買される投機目的の保有株式と同様の評価方法を用いることは困難です。

そのため，会計年度末には，保有株式の時価評価を行いますが，期末時点の公正価値と取得原価との差額は，「評価損益」として当期損益に反映するのではなく，「評価差額」として，純資産（資本）項目に反映する方法をとります。この評価法を「資本直入方式の時価評価」といいます。その財務的影響を示すと次のとおりです。

- 株式の期末評価額 ＝ 期末時点の公正価値
- 株式の評価差額 ＝ 期末時点の公正価値－取得原価→純資産(資本)に反映

　この処理では，当期純利益に評価差額を反映させない効果がある一方で，個別貸借対照表では純資産の部の「評価・換算差額等」項目，連結財政状態計算書では資本の部の「その他の資本の構成要素」項目に反映させます。

　連結財政状態計算書の資本の部の「その他の資本の構成要素」とは，「その他の包括利益」を反映した項目です。ここに「包括利益」とは，ある企業の特定期間の財務諸表において認識された資本の変動額のうち，当該企業の資本に対する持分所有者との直接的な取引によらない部分をいい，そのうち，「その他の包括利益」とは，包括利益総額から当期純利益を除いた部分を意味します。

　たとえば，ある会社が，投機目的でA社株式を（100），投資目的でC社株式を（100）で取得し，A社株式は，当会計年度中に（120）で売却したのに対して，C社株は当期末時点では継続して保有していたとします。当期末のC社株式の公正価値は（120）であったとすると，A社株およびC社株の財務的影響は，**図表8－8**のとおりです。

図表8－8　投資目的の株式の資本直入

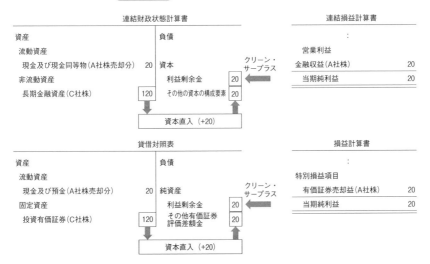

8-8-3　支配目的の保有株式と連結手続き

　会社が，他の会社の株式を保有する運用目的以外の主要目的が，会社の経営権を得ることです。企業グループとは，親会社を頂点として，当該会社が他の会社の発行済み株式の多数を保有して子会社とすることで形成される組織です。

　支配目的で他の株式を保有する場合，その保有割合に応じて，保有対象の会社を次のように区分します。

- 保有比率が50％超の保有する場合　：　子会社
- 保有比率が20％超の保有する場合　：　関連会社

　会社が保有する子会社の株式も関連会社の株式も，その会社の貸借対照表では，「関係会社株式」として同日の項目において，取得原価に基づいて反映されます。この株式については，中・長期的に売却する予定はないため，会計年度末においても，会計年度末の公正価値は反映せずに，取得原価のまま評価額を据え置きます。

　一方で，連結財務諸表では，子会社株式および関連会社株式は，企業グループ内の会社として位置づけられ，連結財務諸表固有の手続きの対象となります。

8-8-4　IFRS：金融商品の新会計基準の動向

　IFRSでは，金融資産についても，「金融商品」の新会計基準の適用を，2018年1月1日以降開始事業年度から適用予定です。この会計基準における金融資産の分類とそれぞれの測定方法は，第7章の図表7－9を参考にして下さい。

8-9　Tableauを活用した財務報告分析

8-9-1　Case Study：増資

　Tableau Publicにおける「グローバル企業の財務情報」（Sec.8 資本性金融商品による資金調達と運用）を開き，そこから小売業の企業を数社選択して下さい。それぞれの企業の過去5年間の資本金および資本剰余金の変動推移を分析しましょう。

　IT事業は，毎期多額な設備投資が必要な産業です。その設備投資に必要な

資金を，増資によりどの程度調達しているかを把握してみましょう。

8-9-2　Case Study：自己株式

　Tableau Publicにおける「グローバル企業の財務情報」(Sec.8 資本性金融商品による資金調達と運用）を開き，(自動車）の中からトヨタ自動車を選択して下さい。同社の「資本」項目を選択すると，自己株式の時系列推移が把握できます。過去5年間の計上金額の変動推移を分析しましょう。

　これらの情報から，実際に証券市場で売買されている株式のどれくらいの比率をトヨタ自動車が自己株式として取得しているかを把握できます。

8-9-3　Case Study：投資目的の株式保有

　Tableau Publicにおける「グローバル企業の財務情報」(Sec.8 資本性金融商品による資金調達と運用）を開き，そこからグローバル企業を数社，選択して下さい。比較対象企業の資産項目における「長期金融債権」項目を選択すると，余剰資金の株式投資の実態を把握できます。Apple社を中心としたグローバル企業の株式投資の過去5年間の計上金額の変動推移を把握してみましょう。

演習問題

Q1 「資本取引」と「損益取引」の相違点について説明しなさい。

Q2 連結財政状態計算書の「資本」に反映される具体的な項目について説明しなさい。

Q3 連結損益計算書で算定される「当期純利益」と連結財政状態計算書における「利益剰余金」との関連性について説明しなさい。

Q4 株主への利益還元策として，配当による還元と自己株式の取得による還元では，連結財政状態計算書には，どのような財務的影響の違いが生じるか説明しなさい。

Q5 「その他の資本の構成要素」に反映される具体的な項目について説明しなさい。

Q6 自己株式を多額に保有する企業を探し，共通する特性について説明しなさい。

Q7 利益剰余金がマイナスになり，他の資本項目の合計金額を上回るレベルになった場合とは，企業がどのような経営状態の場合か説明しなさい。

Q8 企業の買収防止策について説明しなさい。

Q9 実質的増資と形式的増資の異同点について説明しなさい。

Q10 実質的減資と形式的減資の異同点について説明しなさい。

第9章

法人所得税と税効果会計

9-1 グローバル企業の税負担と法人所得税

9-1-1 グローバル企業が負担する税の種類

　グローバル企業は，世界各国にて事業を展開し税を納付しています。それらの税は，課税基礎の違いから，次のように分類可能です。

---
① 課税所得を基礎とした税：法人所得税（法人税，事業税および住民税）
② 売上高を基礎とした税：消費税，酒税，たばこ税等
③ 保有資産の評価額を基礎とした税：固定資産税，自動車税，不動産取得税等
④ 国際取引における税：タックスヘイブン課税，移転価格課税等

　これらの税負担の増大は，企業経営の圧迫要因になる一方で，合法的に軽減でき資金的余力が生まれれば，新たな事業機会を生みます。したがって，企業の持続的成長には，これらの税負担の適正管理が非常に重要な経営課題となります。

9-1-2 課税所得の算定方法

　企業の税負担が最も大きいのが，法人所得税（または，日本では「法人税」）で，その課税基礎となる課税所得は，次の計算式から算定します。

---
① 課税所得　＝　（税法上の）益金　－　（税法上の）損金
② 課税所得　＝　確定した決算における利益　±　税法上の調整額

米国や英国など英米法の法体系をとる国々の税法では，課税所得を税法上で定めた益金と損金との差額から算定します。一方で，日本をはじめとしてドイツ，フランスなど大陸法の法体系をとる国々では，課税所得は，株主総会で承認された決算における利益を基礎として算定します。この方法を「確定決算主義」といいます。「確定した決算における利益」とは，株主総会に提出された財務諸表の損益計算書における「税引前当期純利益」が該当します。

　法人所得税は，法人格をもつ「会社」単位ごとに算定することを原則としますが，日本では，企業グループのうち，日本に属する親会社と親会社が全株式（100％）を保有する子会社の利益を合算した形で課税所得を算定する「連結納税制度」も認めています。

9-1-3　一時差異と永久差異

　確定決算主義による課税所得算定における「税法上の調整額」とは，企業会計上で当期に認識した収益・費用と，税法上で当期に認識した益金・損金との差額をいいます。この差額は，企業会計と税法の目的の相違から生じます。企業会計は，経営活動の実態の忠実描写が主目的ですが，税法は，国の財政における租税政策が主目的です。この目的の違いから生じる差異は，企業会計と税法とで取引の認識時点が異なることにより生じる差異と，取引の認識方法の相違から生じる差異で永久に解消されない差異に区分できます。前者は「一時差異」，後者は「永久差異」といい，その関係は**図表9－1**のとおりです。

図表9－1　一時差異と永久差異

	差異なし（ケース1）	永久差異（ケース4）	
	当期	当期T_1期	翌期T_2期以降
企業会計	費用（または収益）認識	費用（または収益）認識	
	↕一致	↕不一致の解消なし	
税法	損金（または益金）認識	損金（または益金）認識なし	

	一時差異（ケース2）		一時差異（ケース3）	
	当期T_1期	翌期T_2期以降	当期T_1期	翌期T_2期以降
企業会計	費用（または収益）認識			費用（または収益）認識
	↘不一致		↗不一致	
税法		損金（または益金）認識	損金（または益金）認識	

＊企業会計と税法の取引の認識の不一致については，取引から生じるストック（資産，負債，資本）の認識時点の相違においても，一時差異は発生します。

ケース1：企業会計上の費用（または収益）と税法上の損金（または益金）の計上時期が一致しているケース

ケース2：企業会計上の当期費用（または収益）のうち，税法上では当期の損金（または益金）算入が認められず，翌期以降に損金算入（または益金）が認められるケース

ケース3：税法上では当期の損金（または益金）算入が認められたにもかかわらず，企業会計上では当期費用として計上せず，翌期以降に費用（または収益）として計上するケース

ケース4：企業会計上の費用（または収益）のうち，税法上では永久に損金（または益金）の計上が認められないケース

9-1-4　法人所得税負担額の算定

毎期，会社が負担する法人所得税は，次の計算式から算定します。

$$\text{当期の法人所得税} = \text{当期の課税所得} \times \text{法定実効税率}$$

法定実効税率は，世界各国で異なるとともに，同一の国でも，適宜，変更さ

れています。日本の法定実効税率は，2015年は（35.6％），2016年は（33.0％）です。

法人所得税は，会社の経営活動において不可欠な経済負担であり，連結損益計算書では，「法人所得税費用」項目，損益計算書では，「法人税，住民税及び事業税」項目として計上します。

9-1-5　計算事例：法人所得税費用の（税引後）当期純利益への影響

会社が毎期負担する法人所得税は，当期純利益の金額とともに，税制上の調整額の影響も受けます。

たとえば，T_1期における税引前当期純利益（100），法定実効税率（40％）とすると，税法上の調整額の違いにより，ケース1とケース2の当期の法人所得税負担額を計算すると，次のとおりです。

（ケース1：T_1期）税法上の調整額がゼロの場合

　　当期法人所得税負担額（40）＝税引前当期純利益（100）×法定実効税率（40％）

（ケース2：T_1期）当期費用計上した項目のうち当期の損金算入が否認された項目から生じる税法上の調整額が（＋20）の場合

　　当期法人所得税負担額（48）＝｛税引前当期純利益（100）＋税法上調整額（20）｝×法定実効税率（40％）

ケース1とケース2の連結損益計算書および損益計算書の末尾を示すと，**図表9－2**のとおりです。

図表9－2　法人税による当期純利益への影響

【連結損益計算書】	ケース1	ケース2	【損益計算書】	ケース1	ケース2
：			：		
税引前当期純利益	100	100	税引前当期純利益	100	100
法人所得税費用	△40	△48	法人税，住民税及び事業税	△40	△48
当期純利益	60	52	当期純利益	60	52

ケース1とケース2を比較すると，同一の経済活動を行っているにもかかわらず，（税引後）当期純利益は，ケース2の当期の税負担額が大きい分だけ小

さくなります。

（税引後）当期純利益は，経営活動の業績評価を行う上での重要な財務指標ですが，当期の法人所得税の負担額をそのまま当期の費用として計上してしまうと，（税引後）当期純利益の金額は，その負担額の影響を直接受け，結果として業績評価の指標としての有用性が低くなってしまいます。この問題点を解消するために適用されるのが，「税効果会計」です。

9-2　税効果会計の意義

9-2-1　税効果会計の定義

「税効果会計」は，一時差異に係る法人所得税の金額を適切に期間配分することで，税引前当期純利益の金額と税金（法人所得税）費用の金額を合理的に対応させるための会計処理をいいます。

具体的には，会計年度末において，税法上の調整額から生じる当期の法人所得税の負担額の増減分を，法人所得税費用から控除するとともに，資産（または負債）として繰り延べる処理が，代表的な税効果会計の処理方法です。

9-2-2　計算事例：税効果会計の適用の影響

9-1-5で取り上げた計算事例のケース2において，T_1期に損金算入が否認された項目は，T_2期に損金算入が認められたとします。この場合，ケース2のT_1期およびT_2期の税効果会計を適用しないケースと税効果会計を適用したケースの財務的影響を示すと，次ページの図表9－3のとおりです。なお，T_2期においても，税引前当期純利益は（100），法定実効税率は（40%）とします。

連結損益計算書では，税効果会計を適用しない場合には，各期の法人所得税の負担額を未調整のままに当期費用として計上しますが，税効果会計を適用した場合には，税効果調整後の金額を当期費用として計上します。

なお，損益計算書では，各期の法人所得税の負担額は「法人税，住民税及び事業税」項目，税効果の調整額は「法人税等調整額」項目に反映します。

税効果会計を適用しない場合と適用した場合の法人税等の負担率（法人税等合計／税引前当期純利益）を比較すると，適用しない場合には，法人所得税の負担額の変動とともにその負担比率も変動しますが，税効果会計を適用した場

図表9-3 税効果会計適用の影響

【連結損益計算書】

		ケース2 (税効果適用なし)		ケース2 (税効果適用あり)	
		T_1期	T_2期	T_1期	T_2期
		⋮	⋮	⋮	⋮
税引前当期純利益	①	100	100	100	100
法人所得税費用	②	△48	△32	△40	△40
当期純利益	③=①-②	52	68	60	60
法人税等の負担率	④=②/①	48%	32%	40%	40%

【連結財政状態計算書】

		T_1期末	T_2期末	T_1期末	T_2期末
資産					
繰延税金資産		0	0	8	0

【損益計算書】

		ケース2 (税効果適用なし)		ケース2 (税効果適用あり)	
		T_1期	T_2期	T_1期	T_2期
		⋮	⋮	⋮	⋮
税引前当期純利益	①	100	100	100	100
法人税,住民税及び事業税	②	△48	△32	△48	△32
法人税等調整額	③	0	0	8	△8
法人税等合計	④=②+③	△48	△32	△40	△40
当期純利益	⑤=①-④	52	68	60	60
法人税等の負担率	⑥=④/①	48%	32%	40%	40%

【貸借対照表】

	T_1期末	T_2期末	T_1期末	T_2期末
資産				
繰延税金資産	0	0	8	0

合には，その比率も変動しません。その結果，当期純利益も変動せず，当該利益情報は業績評価に有用な情報となります。

9-2-3　永久差異の取扱い

　企業会計と税法との間で生じる差異のうち，「永久差異」とは，将来においても解消されない差異のことをいい，会計上は費用および収益となりますが，税務上は永久に損金および益金とはならない項目です。具体的には，交際費の損金不算入項目，寄付金の損金不算入項目，受取配当金の益金不算入項目などがあります。永久差異は，税効果会計の対象とはなりません。

9-3　繰延税金資産の形態と特性

9-3-1　将来減算一時差異の区分

　将来の法人所得税の負担額を軽減できる一時差異は，「将来減算一時差異」といい，具体的に次の3つの取引から発生します。

- 損金不算入項目：当期に費用認識したが，損金算入が否認された取引（ケース2に該当）
- 益金算入項目：当期に収益認識はしていないが，益金算入の対象となった取引（ケース3に該当）
- 当期に将来の法人所得税の減額対象となる事象の発生

9-3-2　損金不算入項目

　「損金不算入項目」とは，当期に費用認識したが損金算入が否認された項目をいい，損金算入が否認された分だけ課税所得が増え，当期の法人所得税の負担額が増加しますが，翌期以降に損金算入が認められた会計期間では，法人所得税の負担軽減効果が発生します。このような将来減算一時差異の主な項目は，次のとおりです。

① **貸倒引当金の損金算入限度超過額**

　企業が保有する貸付債権については，毎会計年度末に，将来の対価の回収可

能性を検討して，回収不能見込額を貸倒引当金として設定します。ただし，当期に新たに費用として繰り入れた貸倒引当金の金額が，全額，税法上で当期の損金として認められるとは限りません。その差異が，貸倒引当金の損金算入限度超過額です。

貸倒引当金の損金算入限度超過額
　＝　当期「貸倒引当金繰入」計上金額　－　損金算入限度額

　貸倒引当金の損金算入限度超過額は，課税所得の金額を増額させることにより，当期の法人所得税の負担額が増え，結果として企業の現金支出額も増えることになります。

　ただし，この負担増は，将来において損金算入が認められる会計期間では，逆に法人税額の負担額を軽減させ，企業の減収支出額も抑える効果をもたらします。

② **負債性引当金**

　「負債性引当金」とは，退職給付引当金，賞与引当金，製品保証引当金など，当期の経営活動に起因して将来に企業が負担しなければならない義務が発生する事象において設定される項目です。企業会計では，当期の経営活動に貢献した分を「引当金繰入額」として，当期の費用として計上します。しかし，税法では，当該費用については，債務確定基準に基づき債務が確定した事業年度でなければ損金として認めないため，費用の認識と損金の算入時期が相違します。

　この差異についても，当期の課税所得の金額を増額させることにより，当期の法人所得税の負担額が増え，結果として企業の現金支出額も増えます。ただし，この負担増は，将来において損金算入が認められる会計期間では，逆に法人税額の負担額を軽減させ，現金支出額も抑える効果をもたらします。

③ **その他**

　その他には，減価償却対象の有形・無形資産について当期計上した減価償却費のうちの損金算入超過額，棚卸資産の期末評価にかかる評価損なども，同様の一時差異の対象となります。

9-3-3 損金不算入項目の財務的影響

　損金不算入項目の財務的影響は，9-2-2で示した計算事例と同じです。なお，損金不算入項目から生じる当期の法人所得税の負担増は，事実上，法人所得税の前払い効果を反映しています。つまり，将来の法人所得税の負担額を軽減する効果がある一方で，当期の法人所得税の負担額は実質的に増しており，その増額分だけ税金の前払いを行っていることになります。損金不算入項目は，不良債権処理の事例において多く発生する特性があり，本業での業績不振の局面において，さらに税負担による現金支払額の増加を伴うため，経営の圧迫要因になるリスクをもたらすことがあります。

9-3-4 益金算入項目

　益金算入項目とは，当期に収益認識はしていないが益金算入の対象となった項目です。ただし，この将来減算一時差異が発生する取引には，財務的影響のある重要な取引はありません。

9-3-5 当期に将来の法人所得税の減額対象となる事象の発生

　当期に将来の法人所得税の減額対象となる事象の発生の代表的な事例が，「繰越欠損金」です。ここに「繰越欠損金」とは，当期の税引前当期純利益がマイナスとなった場合，税法上は，その赤字分を将来の課税所得と相殺することを容認しており，この繰延部分をいいます。繰越欠損金は，将来の納付税金の負担を減少させる効果をもっており，将来減算一時差異に準ずるものとして扱われます。繰越欠損金と類似する効果をもたらすものとしては，繰越外国税額控除があります。

9-3-6 計算事例：繰越欠損金

　T_1期の税引前当期純利益（△100），T_2期の税引前当期純利益（100），法定実効税率（40％）の事例をとりあげてみましょう。T_1期の赤字分は，税法上では，繰越欠損金として認められ，その効果の金額は，次のとおりです。
　繰越欠損金（△40）＝税引前当期純利益（△100）×法定実効税率（40％）
　そのうえで，T_2期の法人所得税の負担額は，次のとおりです。

T$_2$期の法人所得税の負担額（0）
　＝税引前当期純利益（100）×法定実効税率（40％）－繰越欠損金（40）

　この事例について、税効果会計を適用しないケースと税効果会計を適用したケースの連結財務諸表への影響を示すと、**図表9－4**のとおりです。

図表9－4　繰越欠損金の財務的影響

【連結損益計算書】

		ケース2 （税効果適用なし）		ケース2 （税効果適用あり）	
		T$_1$期	T$_2$期	T$_1$期	T$_2$期
税引前当期純利益	①	△100	100	△100	100
法人所得税費用	②	0	0	40	△40
当期純利益	③＝①－②	△100	100	△60	60

【連結財政状態計算書】

	T$_1$期末	T$_2$期末	T$_1$期末	T$_2$期末
繰延税金資産	0	0	40	0

　税効果会計を適用しない場合と適用した場合を比較すると、後者のほうが（税引後）当期純利益の変動幅が縮小される点に特徴があります。

　また、繰越欠損金から生じる繰延税金資産については、当期の法人所得税の負担があるわけではないので、通常の損金不算入項目から生じる繰延税金資産のような法人所得税の前払いの実態はありません。

9-4　繰延税金資産の回収可能性

9-4-1　将来の法人所得税の負担発生の可能性

　「繰延税金資産」は、将来における法人所得税の負担額を軽減する効果を反映した資産項目です。その前提として、将来において、企業が法人所得税を負担すること、すなわち、法人所得税の納税負担が発生するまで業績回復が確実であることを想定しています。しかし、その業績の回復見通しがない場合には、将来の税金軽減効果は生じないため、繰延税金資産の計上は困難となります。その計上の可否を検討するのが、繰延税金資産の回収可能性というプロセスです。

9-4-2 繰延税金資産への評価性引当金の設定

　繰延税金資産の回収可能性とは，具体的には，将来の課税所得の発生について詳細な検討を行い，回収不能と見込まれる額については，評価性引当金を設定して，繰延税金資産から控除する手続きをいいます。この評価性引当金の設定は，貸付債権から貸倒引当金を設定する手続きと類似しています。

　　　　繰延税金資産　＝　将来減算一時差異　－　評価性引当金

　この引当金の設定にあたっては，次の要件のいずれかを満たしているかどうかにより判断します。

- 収益力に基づく課税所得の十分性：課税所得が発生する可能性が高いとの見込み
- タックス・プランニングの存在：含み益のある資産の売却計画
- 将来加算一時差異の十分性：将来加算一時差異の解消見込み

　繰延税金資産への評価性引当金の設定金額は，連結財務諸表注記では，「法人所得税」項目，財務諸表注記では，「税効果会計関係」）項目に開示されています。

Column 9.1

小泉政権における税効果会計の厳格適用

　日本では，繰延税金資産の計上をめぐっては，過去に重大な問題をもたらしたことがありました。それが，2000年前後におけるわが国の金融機関における繰延税金資産の計上問題でした。

　当時，金融機関は，1980年代のバブル期の過剰融資の焦げ付き問題で，経営が急速に悪化し，特に多額の貸倒損失の計上により赤字決算が続きました。その赤字から生じる繰越欠損金については，将来の回収可能性は考慮せずに，ほぼ全額を繰延税金資産に反映していました。

　その結果，巨額の赤字決算による純資産額の大幅な縮小が生じている一方で，繰延税金資産金額は，年々増大し，2002年前後には，日本の大手および地方の金融機関の中には，純資産の金額よりも繰延税金資産の金額のほうが大きくなるという異常事態が発生してしまうケースが多発し，日本経済全体に長期的な

株価低迷をもたらしました。

　その事態に大きな転機となったのが，2003年5月に当時の小泉政権が行った繰延税金資産計上の厳格適用への方針転換でした。具体的には，ほぼ無条件に計上を認めてきた繰延税金資産について，資産の実態を精査し，将来の回収可能性が低いと判断される場合には資産計上を認めない方針を打ち出しました。その結果，多くの金融機関では，多額の繰延税金資産への評価性引当金の設定が行われ，債務超過となって経営の継続性が困難になった金融機関も生じましたが，経営実態を反映した繰延税金資産の計上による経営の透明性が増したことにより，株式市場の活性化へとつながりました。

9-5　繰延税金負債の形態と特性

9-5-1　将来加算一時差異の区分

　将来の法人所得税の負担額を増加させる一時差異とは，「将来加算一時差異」といい，具体的に次の3つの取引から発生します。

- 益金不算入項目：当期に収益認識したが益金算入が否認された取引（図表9－1のケース2に該当）
- 損金算入項目：当期に費用認識はしていないが損金算入の対象となった取引（図表9－1のケース3に該当）
- 当期に将来の法人所得税の支払対象となる事象の発生

　将来加算一時差異が生じた場合には，その残高は，連結財政状態計算書（または貸借対照表）には「繰延税金負債」が計上されますが，当期発生額については，連結損益計算書（または損益計算書）における「法人所得税費用（または法人税等調整額）」を増加させる場合と，当期純利益への影響はない代わりに，資本直入方式により，連結財政状態計算書では「その他の資本の構成要素」（貸借対照表では「評価・換算差額等」項目）に反映する方法があります。

9-5-2　益金不算入項目

　益金不算入項目とは，当期に収益認識したが益金算入を否認されたケースで，積立金方式による固定資産の「圧縮記帳」が代表例です。ここに「圧縮記帳」

とは，税法上，国庫補助金や火災による保険金などの金銭を受けて固定資産を購入した際，その購入価額から補助金の額を控除して購入価額とする処理のことをいい，補助金への課税回避の特性を有します。

圧縮記帳による税制上の恩典を利用することにより，当期の法人所得税の負担額は減算され，その減額分は当期利益を減額させるとともに，連結財政状態計算書（または貸借対照表）では繰延税金負債を計上します。

9-5-3　損金算入項目

損金算入項目とは，当期に費用認識はしていないが損金算入の対象となるケースで，固定資産の減価償却における「加速償却」が代表例です。ここに「加速償却」とは，会計上の耐用年数よりも，税法上では耐用年数を短くする特例措置を認めることで，固定資産への初期投資直後の法人所得税の負担額を軽減する効果をもたらすものです。

9-5-4　当期に将来の法人所得税の支払対象となる事象の発生

当期に将来の法人所得税の支払対象となる事象の発生の代表例は，保有株式への資本直入方式の時価評価です。保有株式については，会計年度末の公正価値を反映する時価評価を行い，取得原価と公正価値との評価差額は，直接，資本の部に反映させます。その際に，税効果を考慮する場合には，資本の部に反映する評価差額分は，将来において当該有価証券を売却した際の税引後の売却損益を反映し，税負担分は将来における税負担義務として繰延税金負債に反映します。

資本直入方式の時価評価から生じる評価差額は，連結損益計算書（および損益計算書）の当期純利益には影響を与えない項目であり，その税効果を考慮する場合にも，当期純利益への影響はありません。

9-5-5　計算事例：投資有価証券への資本直入方式への時価評価

当期に長期保有目的で（100）にて取得した株式が，当期の会計期末の公正価値が（120）まで上昇したとします。その投資有価証券について，税効果を考慮した資本直入方式による時価評価を行ったとします。法定実効税率（40

%）とすると，その財務的影響は，**図表9－5**のとおりです。

図表9－5　投資有価証券の評価差額への税効果の適用

連結財政状態計算書				連結損益計算書
資産		負債		影響なし
非流動資産		非流動負債		
長期金融資産	120	繰延税金負債	8	
		資本		
		その他の資本の構成要素	12	

貸借対照表				損益計算書
資産		負債		影響なし
固定資産		固定負債		
投資有価証券	120	繰延税金負債	8	
		純資産		
		その他有価証券評価差額金	12	

9-5-6　多額の繰延税金負債を計上している企業の特徴

　繰延税金負債は，将来の法人所得税の負担額を反映した将来のリスク要因です。しかし，このリスク要因は，本来，当期に負担すべき法人所得税を将来の会計期間まで繰り延べられたことにより生じるものであり，当期においては，逆に企業の運転資金を増やす効果をもたらしています。

　将来加算一時差異が生じるのは，税法上で，企業の経営活動の促進策の一環として設定されるケースで，すべての企業に一律に適用されるのではなく，企業からの申請に基づいてはじめて適用される項目が多いです。したがって，繰延税金負債の金額が大きな企業とは，そのような法人税法の優遇措置を積極的に活用している企業で，税務戦略の進んでいる企業であるといえます。

> **Column 9.2**
> **未払法人税と繰延税金負債の相違**
> 　企業が支払う法人所得税に関連する負債項目には，「未払法人税」と「繰延税金負債」が計上されます。「未払法人税」とは，当期の法人所得税の負担額のうち，会計年度末時点では，まだ納税が完了していない，つまり現金支出がされていない法人所得税分を反映しています。一方で，「繰延税金負債」は，税効果会計の適用により発生する項目で，当期の法人所得税費用のうち，将来の法人所得税の負担分に相当する項目です。

9-6　法定実効税率と実際負担税率

　税効果会計を適用した場合には，連結損益計算書および損益計算書に反映する法人所得税費用は，一時差異の調整後の金額を計上します。その結果，法人税等の負担率（法人税等合計／税引前当期純利益）は，会計と税法から生じる差異がすべて一時差異の場合には，法定実効税率と法人税等の負担率は，一致します。しかし，永久差異がある場合には，当該差異は税効果会計の対象とはならず，双方の比率は乖離します。その乖離幅が重大な差異がある場合には，当該差異の原因となった主要な項目別の内訳を，連結財務諸表および財務諸表の注記にて，**図表9－6**のように開示しなければなりません。

図表9－6　法定実効税率と実際負担税率の乖離原因

連結財務諸表注記【繰延税金および法人所得税】

	前連結会計年度	当連結会計年度		当連結会計年度 税引前当期純利益（100）
法定実効税率	xxx	33.0%		
未認識の繰延税金資産	xxx	8.0%	影響額	$100 \times 0.08 = 8$
海外子会社の適用する法定実効税率との差異	xxx	△7.0%		$100 \times 0.07 = △7$
のれんの減損	xxx	3.0%		$100 \times 0.03 = 3$
その他	xxx	2.0%		$100 \times 0.02 = 2$
実際負担税率	xxx	39.0%		$100 \times 0.39 = 39$

　永久差異の実際の影響額は，この開示における個々の率に税引前当期純利益の金額を乗じることにより算定可能です。図表9－6では，税引前当期純利益

が（100）であった場合の個々の永久差異の規模を算定しています。

9-7　グローバル企業の税務戦略

9-7-1　法人所得税に対する税務戦略

　企業経営において利益の最大化を行うには，収益を増額させるか費用を軽減することが必要であり，その費用の軽減対象として，法人所得税費用の軽減も重要な経営課題となります。

　その軽減方法の具体的な方法には，主に次の2つがあります。

---
① 税金コストに伴うキャッシュ・アウトフローの絶対額の管理
② 税金コストの支払いのタイミングの管理

　このうち，①の方法としては，企業活動を積極的に支援する税法上の優遇措置を活用することがあげられます。たとえば，企業への税額控除の活用や，海外進出する際に税制上の優遇措置の多い地域へ積極的に進出することなどです。しかし，そのような優遇税制の積極活用は，時として，各国の税務当局との課税関係の解釈の相違などが原因で，追徴課税のペナルティが発生するリスクも同時に発生し，多額の税金コストの負担増を求められることもあるため，これらの税金コストの管理は，企業の保有資金に直接的な影響をもたらすため，非常に重要な経営課題となります。

　②については，当期に支払うべき税金コストを翌期以降に支払時期を繰り延べられる優遇措置が受けられれば，その税金コスト分の資金的余裕が生まれ，その資金を活用して新たな経営活動を実施できることになります。しかし，逆に当期の税金コストの支払い負担が増えてしまう場合には，当座の資金需要が圧迫されることになり，経営上の重大問題になることもあります。

　このように①の側面でも②の側面でも，税金コストは企業の資金面に直接かつ重大な影響をもたらすため，その適切な管理は，企業経営において非常に重要で，その管理実態は，財務諸表本体および注記における税効果会計の関連情報から把握可能です。

> **Column 9.3**
> **グローバル企業の税務戦略の実態**
> 　税効果会計情報からは，企業の税務戦略の実態を推測することが可能です。米国のグローバル企業では，税務コストを他のコストと同様に重要な削減対象と位置づけて，積極的に税務戦略を展開する傾向にありました。それに対して日本のグローバル企業は，税務コストを軽減することは租税回避さらには脱税につながる行為として積極的に行わない傾向にありました。しかし，近年，海外進出を積極的に進めるグローバル企業のなかには，米国のグローバル企業と同様に積極的な税務戦略をとる企業も増加しつつあります。

9-7-2　「繰延税金負債」対「繰延税金資産」比率

　企業が税務戦略を積極的に行っているか否かは，主に２つの指標をみることから推測することが可能です。その１つは，（繰延税金負債／繰延税金資産）比率による分析です。税金の納税時期を将来に繰り延べてその税額の現在価値を引き下げることにより税務コストを削減する方法があげられます。繰延税金資産は税金の前払いの特性を有し，繰延税金負債は税金の後払い的特性を有するため，（繰延税金負債／繰延税金資産）比率が小さい企業よりも大きい企業のほうが，税金の支払を将来に繰り延べる傾向があるといえ，税務戦略が進んでいる企業と推測することが可能です。

9-7-3　「法定実効税率」対「法人税等の負担率」比率

　もう１つの指標は，（法定実効税率／法人税等の負担率）比率による分析です。同比率が１よりも高い企業は，法定実効税率との乖離分の税務コストを軽減していることを意味します。その原因を注記情報から把握することで，企業の税務戦略の実態を把握可能です。

9-8　Tableauを活用した財務報告分析

9-8-1　Case Study：法人税等の負担率

　Tableau Publicにおける「グローバル企業の財務情報」（Sec.9 法人所得税と税効果会計）を開き，そこからグローバル企業を数社選択して下さい。異なるセクターの代表的なグローバル企業を数社抽出して，各企業の法人税等の負

担率の時系列分析を行いましょう。

日本のグローバル企業と比較して米国のグローバル企業の法人税等の負担率は相対的に低い特徴が理解できたか確認しましょう。

9-8-2　Case Study：繰延税金負債比率

Tableau Publicにおける「グローバル企業の財務情報」（Sec.9 法人所得税と税効果会計）を開き，そこからグローバル企業を数社選択して下さい。異なるセクターの代表的なグローバル企業を数社抽出して，（繰延税金負債／繰延税金資産）比率の時系列分析を行いましょう。

日本のグローバル企業と比較して米国のグローバル企業の（繰延税金負債／繰延税金資産）比率が相対的に高い特徴が把握できたか確認しましょう。

9-8-3　Case Study：国際税務戦略

Tableau Publicにおける「グローバル企業の財務情報」（Sec.9 法人所得税と税効果会計）を開き，そこからグローバル企業を数社選択して下さい。異なるセクターの代表的なグローバル企業を数社抽出して，各企業の実効税率と繰延税金負債の時系列分析を行いましょう。

米国のIT関連企業は，グローバル展開をする中で，世界各国の有利な法人税の規定を積極的に活用して，税負担の軽減や税の繰延べを行っているのが現状です。各社の法人税の実質負担率が低い実態と，繰延税金負債の計上金額が大きい特徴が把握できたか確認しましょう。

第9章　法人所得税と税効果会計　163

|演習問題|

Q1　法人所得税の算定方法について説明しなさい。

Q2　税効果会計を適用した場合と適用しない場合，それぞれのケースでは，損益計算書の当期利益はどのような影響がありますか，説明しなさい。

Q3　繰延税金資産に評価性引当金を設定する理由について説明しなさい。

Q4　繰延税金負債を多額に計上している企業の特徴について説明しなさい。

Q5　税効果会計の「一時差異」と「永久差異」との相違点について説明しなさい。

Q6　「法人税等の負担率」が「法定実効税率」よりも低い企業の特徴を説明しなさい。

Q7　繰延税金資産には，具体的にどのような項目が計上されるか説明しなさい。

Q8　流動項目に反映される繰延税金資産と非流動項目に反映される繰延税金資産の相違点について説明しなさい。

Q9　日本の大手銀行の再編において税効果会計の適用が大きく影響した理由について説明しなさい。

Q10　業績の良いグローバル企業においては，繰延税金資産と繰延税金負債のいずれの計上金額が大きいか，その実態と理由について説明しなさい。

Ⅳ グローバル・セクション

Global Section

第10章　海外事業展開と外貨換算会計
第11章　M&Aにおける企業結合会計
第12章　連結会計とセグメント情報

第10章
海外事業展開と外貨換算会計

10-1 グローバル企業における為替リスク

10-1-1 主要為替レートの時系列推移

グローバル企業は,通貨の異なる様々な国において事業を展開しています。その通貨のうち,企業が営業活動を行う主たる経済環境の通貨を「機能通貨」,企業の機能通貨以外の通貨を「外国通貨」といい,外国通貨ベースでの経営活動では,常に外国為替換算レート(以下,「為替レート」という)変動に伴うリスクにさらされています。

日本円を機能通貨としているグローバル企業では,日本円と海外の主要通貨,特にUSドル(以下,「ドル」という)とユーロとの為替レートの影響を受けています。2016年以前の過去5年間の年末および年平均のドル/円,ユーロ/円の為替レートは,**図表10-1**のとおりです。

図表10-1 主要為替レートの時系列推移

	2012年	2013年	2014年	2015年	2016年
ドル/円　為替レート推移(単位:円/ドル)					
年末(12月末)レート	86.6	105.4	120.6	120.6	116.5
年間の平均レート	79.8	97.6	105.9	121.0	108.8
ユーロ/円　為替レート推移(単位:円/ユーロ)					
年末(12月末)レート	114.7	145.1	146.5	131.8	122.7
年間の平均レート	102.6	129.6	140.5	134.3	120.3

ドル／円については，2012年から2015年まで円安傾向が続き，ユーロ／円については，2012年から2014年まで円安傾向が続き，2016年では，ドルもユーロも円高にシフトしています。

このような為替レートの変化は，日本を主要拠点にしたグローバル企業において日本から海外市場に製品を輸出する事業では，円安で業績は好転し，逆に円高で業績は悪化し，海外市場から製品を輸入する事業では，円安は業績悪化，円高は業績好転要因になります。

しかし，実際には，グローバル企業は，海外での事業展開が複雑で，為替レートの変動がそのまま，直接的に業績に連動するとは限りません。グローバル企業では，為替レートの変動が業績に大きな影響をもたらさないように，製造拠点を海外にシフトしたり，為替予約などのデリバティブ取引を締結したりして，為替変動リスクを可能な限り軽減する措置をとっています。

10-1-2　グローバル企業の海外事業展開

グローバル企業では，複数の国々において事業展開をするケースとしては，主に次の4つの形態があります。

①　海外との輸出入による外貨建取引

販売・仕入拠点を国内から海外に拡大し，海外との商品の輸出入の外貨建取引をする局面です。この取引では，取引価格の設定，外貨建金銭債権・債務の評価額の算定にて為替レートの影響を受けるとともに，最終的に日本円に決済する際のキャッシュ・フローも為替レートの変動リスクにさらされています。

②　在外支店（海外営業所）の設置

海外で事業活動を，現地での会社（法人）形態ではなく，支店（営業所）形態で展開する局面です。在外支店は，現地での独立性は低く，現地で販売する商品は本社の本国からの輸入で確保し，現地販売で受領した対価は，本国に送金するのが一般的です。この本店支店間の取引は，商品の輸出入取引と同様に，為替レートの変動リスクにさらされています。

③　在外子会社の設置

海外での事業活動を積極的に推進するため，現地で会社を設立し，親会社か

らの独立性を保つ形で事業展開をする局面です。在外子会社では，現地市場で現地通貨に基づく取引が中心となるため，現地通貨と機能通貨との為替レートの変動リスクを考慮する必要はありません。しかし，在外子会社は，毎会計年度末に，連結財務諸表作成のため，現地通貨ベースでの個別財務諸表を連結財務諸表の表示通貨ベースに換算する必要があり，その換算時に為替レートの変動リスクにさらされています。

④ 海外のペーパーカンパニーの活用

グローバル企業の中には，主に国際課税の負担額を軽減するために，課税優遇措置を講じている国々に，形式上の在外子会社であるペーパーカンパニーを設立することがあります。このケースでは，グローバル市場で稼得した利益とキャッシュがペーパーカンパニーに集中するため，親会社や資金需要のある市場へのキャッシュの還元において，為替レートの変動リスクにさらされます。

10-2　外貨建取引の取引リスク

10-2-1　外貨建取引の意義と為替レート変動の影響

外貨建取引とは，売買価額その他取引価額が外国通貨で表示されている取引をいい，主な例を示すと，以下のとおりです。

- 取引価額が外国通貨で表示されている物品の売買または役務の授受
- 決済金額が外国通貨で表示されている資金の借入または貸付
- 券面額が外国通貨で表示されている社債の発行
- 外国通貨による前渡金，仮払金の支払または前受金，仮受金の受入

外貨建取引では，通常，取引契約の締結から対価の決済までの間に数カ月間かかり，その間，為替レートの影響を受けます。

① 契約時点

外貨建取引を行う際には，まず，海外との業者の間で取引契約を締結し，取引対象となる商品の外国通貨に基づく価格を設定する必要があり，その価格設定において為替レートの影響を受けます。この時点では，取引からの資産・負

債の認識は行いません。

② 取引時点

外貨建取引を実際に行った時点で，はじめて当該取引の認識をします。この時点では，商品の売上高（または仕入）および対価として受領した外貨建金銭債権（または債務）を，当日の為替レートに基づいて外国通貨（通常，ドル）ベースの価格を機能通貨（通常，円）ベースに換算して認識します。

③ 会計年度末

外貨建取引が行われた会計年度末では，対価の支払決済が完了していない外貨建金銭債権（または債務）について，当日の為替レートに基づいて外国通貨（通常，ドル）ベースの価格を機能通貨（通常，円）ベースに再換算して当会計年度末の期末評価額を算定します。

④ 決済時点

外貨建金銭債権（または債務）の対価が決済される時点では，外国通貨ベースで受領した対価を機能通貨に換金します。その換金額は，外国通貨（通常，ドル）に当日の為替レートを乗じて算定します。

10-2-2 潜在化リスクと顕在化リスク

外貨建取引では，契約時点から決済時点まで，たえず為替レートの変動の影響を受け，その影響を総称して「取引リスク」といいます。

まず，取引時点では，外貨建取引により販売した（または仕入れた）商品の売上収益（または仕入原価）は，外貨建取引額に同日の為替レートを乗じて換算した金額で計上します。この金額が，契約時点で想定した為替レートから乖離することにより生じる収益（または費用）の計上金額の変動分を「潜在化リスク」といいます。

取引時点以降，決済時点までに，外貨建取引から発生した外貨建金銭債権（または債務）の評価額および決済額の変動分は，連結損益計算書では「金融収益・費用」，損益計算書では「為替差損益」項目に反映され，当該変動リスクを「顕在化リスク」といいます。

10-2-3　計算事例：取引リスク

たとえば，日本市場では，原価（80円），売価（100円）で販売している商品を米国にT_1期に輸出したとします。その際の想定為替レートおよび実際の為替レートが，**図表10－2**のように変動したとします。

図表10－2　想定為替レートと実際の為替レートの時系列推移

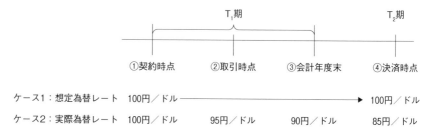

① 契約時点：（T_1期）

想定為替レートが（100円／ドル）の場合，当該商品の販売価格は，次のようになります。

商品の販売価格（1ドル）

＝商品単価（100円）÷為替レート（100円／ドル）

② 取引時点：（T_1期）

この取引時点での為替レートが95円／ドルの場合，売上高および外貨建金銭債権の測定額は，次のとおりです。

売上高および外貨建金銭債権の測定額（95円）

＝商品の販売価格（1ドル）×為替レート（95円／ドル）

③ 会計年度末：（T_1期）

この時点での為替レートが90円／ドルの場合，外貨建金銭債権の評価額は，次のとおりです。

外貨建金銭債権の評価額（90円）

＝外貨建金銭債権（1ドル）×為替レート（90円／ドル）

この取引事例において，想定為替レートのまま実際の為替レートが変動しなかった場合をケース1，実際の為替レートを考慮した場合をケース2とした場合，それぞれのT_1期の連結損益計算書（損益計算書）は，**図表10－3**のとお

りです。

図表10－3　想定為替レートおよび実際為替レートに基づく損益計算書の比較

連結損益計算書（損益計算書）（T_1期）

	ケース1	ケース2	差額		
売上収益（売上高）	¥100 ①	¥95 ②	¥△5	←潜在化リスク	①：売価 $ 1 ×（¥100/$）
売上原価	¥△80	¥△80			②：売価 $ 1 ×（¥95/$）
営業利益	¥20	¥15	¥△5		
金融費用（為替差損益）	¥0	¥△5 ③	¥△5	←顕在化リスク	③：債権 $ 1 ×｛（¥90－¥95）/$｝
当期純利益	¥20	¥10	¥△10		

　この輸出取引の場合，T_1期における取引リスクは，商品の輸出時の為替レートの影響を受ける売上高減少分（10円）と外貨建金銭債権の決済時における為替レートの影響（10円）の合計（20円）となります。

　連結損益計算書（または損益計算書）上，金融費用（または為替差損益）は独立項目として表示されるため，その金額は容易に把握できますが，為替レートが売上高にもたらす影響については，売上高の変動の原因分析から推定する必要があります。

④　決済時点：（T_2期）

　この時点での為替レートが（85円/ドル）の場合，日本円の実際の受領額は，次のとおりです。

　　　日本円の受領額（85円）＝外国通貨（1ドル）×為替レート（85円/ドル）

　取引リスクは，外貨建債権が決済される翌期（T_2期）においても発生します。それが，T_1期末からT_2期の決済時点までの為替レートの変動の影響です。このケースでは，その間，さらに円高が（5円）進んでいますので，その分の為替差損益（△5円）が，T_2期の損益計算書に反映されます。

> **Column 10.1**
> **トヨタ自動車の潜在化リスク**
> 　トヨタ自動車の2014年3月期の連結会計年度の売上高は25兆6,919億円で、前連結会計年度に比べて3兆6,277億円（16.4％）の増収でした。この増収要因は、主に為替レート変動の影響2兆5,104億円（増収分の約69.2％に相当）であり、車両販売台数および販売構成の変化による影響はわずか3,000億円でした。
> 　この為替レートの影響が、取引リスクにおける潜在化リスクです。2014年3月期は、2012年以降の円安進行が進んでいた時期であり、輸出依存型企業であるトヨタ自動車では、想定を超えた追い風が吹いていたことがわかります。逆に、円高にシフトした場合には、売上収益を押し下げる要因になることが想定できます。

10-3　ヘッジ取引とヘッジ会計

10-3-1　ヘッジ取引の意義

　グローバルな事業展開における外貨建取引は、常に為替レートの変動リスクにさらされます。たとえば、日本から海外に商品を輸出する場合、契約時点から決済時点までの間に為替レートが円高にシフトすると、その分だけ円による対価の受領額が減少するリスクが発生します。

　グローバル企業では、そのような為替レートの変動リスクを回避（ヘッジ）するため、為替予約などのデリバティブ取引を利用します。ここに、「為替予約」とは、特定の外国通貨を、将来の一定の時期に一定の価格で受け渡すことを、あらかじめ約定することにより、将来の為替レートの変動リスクを回避するデリバティブ取引です。海外に商品を経常的に輸出している企業では、為替予約で為替レート平準化を図ることにより、機能通貨ベースでの対価の受領額の安定化を図ることが可能になります。このようなリスク回避を目的とする取引を「ヘッジ取引」といいます。

10-3-2　計算事例：為替予約

　10-2-3で使用した外貨建取引について、取引時点にて、決済時点を実行日とし、1ドルを日本円（93円）にて売却する売り為替予約を締結したとします。この為替予約を締結したことにより、決済時点にて受領できる日本円の金額を

確定することができ，その間の為替レートの変動リスクを回避することが可能になります。外貨建取引の為替レートは，「直物為替レート」と「先物為替レート」があります。

- 直物為替レート：取引日から2営業日以内に通貨の受渡しが行われる為替レート
- 先物為替レート：取引日から3営業日以降の特定日に通貨の受渡しが行われる為替レート

本計算事例で取り上げる直物および先物為替レートは，**図表10－4**のように変動したとします。

図表10－4　直物為替レートと先物為替レートの時系列推移

	外貨建取引時点／為替予約締結時点	会計年度（T_1期）末	決済時点（T_2期）
直物為替レート	95円／ドル	90円／ドル	85円／ドル
先物為替レート	93円／ドル	88円／ドル	

このケースの場合，外貨建金銭債権については，取引時点から会計年度T_1期末までに，直物為替レートが円高にシフトしたために，債権の評価額に損失が発生しています。

外貨建金銭債権の評価損益（△5円）＝外貨建金銭債権（1ドル）×（90円／ドル－95円／ドル）

一方で，売り為替予約については，為替予約締結時点から会計年度（T_1期）末までに，先物為替レートが円高にシフトしたことにより，プラスの評価損益が発生しています。

為替予約の評価損益（△5円）
＝売り為替予約（1ドル）×（88円／ドル－93円／ドル）
＝売り予約のためにプラス5円の評価益として認識

この結果，外貨建金銭債権の評価損を為替予約の評価益で相殺することができ，T_1期末までの為替レートの変動リスクを回避することができたことにな

ります。この取引結果をT_1期の連結財務諸表（および個別財務諸表）に反映すると，**図表10－5**のとおりです。

図表10－5 為替予約によるリスクヘッジが財務諸表に与える影響

連結財政状態計算書（貸借対照表）
（T_1期末）：ケース3

資産		負債	
流動資産		資本（純資産）	
短期金融資産	¥90		
デリバティブ金融資産	¥5		

連結損益計算書（損益計算書）（T_1期）

	ケース2	ケース3	差額	
売上収益(売上高)	¥95 ①	¥95 ①	¥0 ①	：売価$1×(¥95/$)
売上原価	¥△80	¥△80	¥0	
営業利益	¥15	¥15	¥0	
金融費用(為替差損益)	¥△5	¥0	¥△5	←リスクヘッジ
当期純利益	¥10	¥15	¥5	

為替予約によるリスクヘッジの効果で，損益計算書の「金融費用（為替差損益）」項目はゼロとなり，貸借対照表においては，外貨建金銭債権の評価額が取引時点よりも下落した分（95円から90円に△5円下落）を「デリバティブ金融資産」項目にプラス5円分計上されることにより，債権の評価損を相殺する効果が反映されます。

10-3-3　為替予約の機会損失

為替予約の締結は，将来の決済額のキャッシュ・フローを確定するメリットがありますが，逆に企業に負担をもたらすこともあります。

たとえば，10-3-2の計算事例は，円高局面を想定した事例でしたが，逆に円安局面になった場合には，どのような財務的影響があるでしょうか。会計年度（T_1期）末の直物為替レートが（100円）まで円安にシフトしたとすると，外貨建金銭債権の評価損益は，次のようになります。

外貨建金銭債権の評価損益（5円）＝外貨建金銭債権（1ドル）×(100円/ドル－95円/ドル)

もし，為替予約を締結していなければ，その評価益（5円）は，企業にとってはプラスの財務的影響をもたらすことになります。

しかし，為替予約を締結していた場合には，先物為替レートも円安にシフトして，結果として売り為替予約からは評価損が発生し，外貨建金銭債権の評価

益を相殺してしまいます。つまり，為替予約を締結したことにより，実質的に（5円）分の利益を獲得する機会を喪失したことになります。このような損失を「機会損失」といいます。為替予約は，確かに将来のキャッシュ・フローを確定する効果を持ちますが，同時に，機会損失を発生するリスクも伴う取引であるといえます。

10-3-4　公正価値ヘッジとキャッシュ・フロー・ヘッジ

　ヘッジ目的の為替予約取引は，外貨建取引と同時に締結するケースのほかに，外貨建取引実施後に締結するケースもあれば，逆に外貨建取引実施前に事前に締結をしておくケースもあります。これらの取引実態を財務諸表に反映する際には，双方を次のように区分します。

- 公正価値ヘッジ……外貨建取引時点以降の時点において締結したヘッジ取引
- キャッシュ・フロー・ヘッジ……外貨建取引実施時点以前の時点において締結したヘッジ取引

　公正価値ヘッジが財務諸表に与える影響は，計算事例10-3-2に示したとおりです。

　一方で，「キャッシュ・フロー・ヘッジ」とは，毎期，経常的に外貨建取引を行っており，将来において発生する可能性が非常に高い売買取引（そのような取引のことを「予定取引」といいます）について，その取引のキャッシュ・フローの変動をヘッジするために行われる取引です。グローバル企業では，為替レートの動向を継続的にチェックして，適切なタイミングで外貨建取引以前の段階で，為替予約を先に締結することが多くあります。

10-3-5　計算事例：キャッシュ・フロー・ヘッジ

　当期T_1期に商品を（1ドル）で輸出する外貨建取引の契約を締結し，その後，（1ドル）の売り為替予約も締結しましたが，当期T_1期中には，実際の取引は行われていない状態で会計年度末となったとします。当期T_1期中の直物および先物為替レートは，**図表10-6**のように変動したとします。

図表10-6 キャッシュ・フロー・ヘッジ締結における為替レート

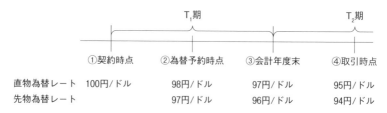

この事例では、外貨建取引自体は、当期T_1期中には実際の取引は行われていないため、当期T_1期の財務諸表に反映されません。一方で、為替予約は当期T_1期中に締結されているため、当期T_1期の財務諸表に反映されることになります。本事例の売り為替予約については、為替予約締結時点から会計年度T_1期末までに、先物為替レートが円高にシフトしたことにより、プラスの評価損益が発生しています。

為替予約の評価損益（△1円）
＝売り為替予約（1ドル）×(96円/ドル－97円/ドル)
＝売り予約のためにプラス（1円）の評価益として認識

この評価益を公正価値ヘッジのときと同様に、損益計算書に反映してしまうと、将来、実施される外貨建取引からの発生する外貨建金銭債権の評価損益をヘッジする効果を反映することができません。そのため、このようなキャッシュ・フロー・ヘッジから生じる評価損益は、損益計算書への計上を回避するために、その他の包括利益として計上する会計処理を実施します。その結果、当会計年度（T_1期）の財務諸表は、**図表10-7**のようになります。

図表10-7 キャッシュ・フロー・ヘッジによる財務諸表への影響

連結財政状態計算書（貸借対照表）(T_1期末)		連結損益計算書（T_1期）
資産	負債	影響なし
流動資産	：	
デリバティブ金融資産 ¥1 ①	資本（純資産）	
	その他の資本構成要素 ¥1 ①	
	（キャッシュ・フロー・ヘッジ損益）	

①：（1ドル）×(96円/ドル－97円/ドル)

10-4 在外支店の換算リスク

　在外支店とは，海外での事業活動を，現地での会社（法人）の設立形態ではなく，営業所（支店）形態で展開する場合をいいます。在外支店は，現地での独立性は低く，現地で販売する商品は本社の本国からの輸入で確保し，現地販売で受領した対価は，本国に送金するのが一般的です。ただ，支店レベルでも，会計年度末には，現地通貨による個別の財務諸表を作成した上で，本店の財務諸表に合算する手続きをとります。その際の換算方法は，本店で採用している資産・負債，損益の評価方法に準拠して換算し，その換算から生じる差額は，「為替差損益」項目として，本店の個別財務諸表に反映させます。その結果，在外支店の換算においては，商品の輸出入取引と同様に，取引リスクが発生します。

10-5 在外子会社の換算リスク

10-5-1 在外子会社の換算プロセスと換算リスク

　グローバル企業では，海外市場において積極的な事業を展開する場合には，主要市場のある各国に子会社を設立するのが一般的です。そのような子会社を「在外子会社」といい，在外子会社では，通常業務においては，親会社から独立して事業を行い，会計年度末には，現地通貨（外国通貨）に基づいて，個別財務諸表を作成します。そのうえで，親会社の連結財務諸表の作成目的で，連結財務諸表の表示通貨に換算する必要があります。

　たとえば，日本に親会社があるグローバル企業で，米国およびEU域内に子会社がある場合，**図表10－8**に示すように，米国子会社の個別財務諸表は，ド

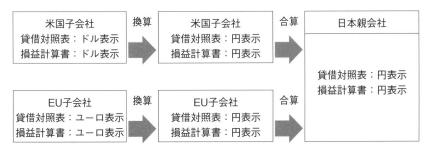

図表10－8　在外子会社の換算プロセス

ル表示から円表示に換算し，EU域内の子会社の個別財務諸表は，ユーロ表示から円表示に換算する必要があります。

10-5-2　在外子会社の個別財務諸表の換算方法

在外子会社の現地通貨ベースでの個別財務諸表を連結財務諸表の表示通貨への換算は，**図表10－9**に示す方法により実施します。

図表10－9　在外子会社の換算方法

在外子会社の貸借対照表は，まず，資産および負債の各項目は，一律，会計年度末の為替レート（CR）にて換算します。一方で，純資産項目における「資本金」項目は，親会社からの出資を反映したもので，その出資額は，親会社が保有する在外子会社の株式（「子会社株式」項目）の評価額に反映されているため，当該項目の換算においては，CR換算をせずに，その子会社株式評価額をそのまま適用することになります。さらに，純資産の「利益剰余金」項目は，在外子会社の損益計算書で算定した当期純利益の金額から算定します。

在外子会社の損益計算書は，収益，費用，当期純利益のすべての項目において，一律，会計年度の期中平均レート（AR）を用いて換算します。ただし，AR換算ではなく，CR換算による処理も容認されています。

この換算の結果，在外子会社の貸借対照表には，資産の換算合計額と負債および純資産の換算合計額は一致せず，その差額として，為替換算調整額が発生します。この調整額は，在外子会社設立時から当会計年度末までの為替レートの変動から生じるもので，「換算リスク」といいます。

換算リスクは，親会社が連結財務諸表を作成する際に，在外子会社の外国通

貨ベースの財務諸表を，連結財務諸表の表示通貨ベースに換算する際に生じる財務報告上の考慮事項にすぎず，その基礎となる業績を左右するものではありません。そのため，当該リスクは，親会社の連結財務諸表においては，企業グループの業績評価の基礎となる連結損益計算書に反映するのではなく，連結財政状態計算書の資本の部の「その他の資本の構成要素」における「在外営業活動体における換算額」項目に反映されます。この項目は，損益計算書を経由せずに資本の増減を直接もたらす項目であり，取引リスクから生じる「為替差損益」とは異なり，連結損益計算書には影響を与えません。

10-5-3　計算事例　在外子会社の換算リスク

　親会社P社が，当会計年度の期首に，（100円）を出資して米国に子会社S社を設立したとします。なお，期首時点の為替レートは（100円／ドル）で，資本金は，（1ドル）でした。さらに，現地の銀行から（1ドル）の借入れを行って営業活動を行ったとします。S社の当期の商品販売活動は，売上高（2ドル），その売上原価は（1ドル）であったとすると，S社の当会計年度のドルベースおよび円ベースの財務諸表を示してみると，次ページの**図表10−10**のとおりです。

　この事例では，当会計年度末には為替レートが（110円／ドル）まで円安が進行し，当期の期中平均レートは（105円／ドル）であったと想定しています。

　この結果，S社の円ベースでの期末貸借対照表には，換算調整額として15円が発生しています。この調整額は，親会社P社の連結財務諸表では，資本の部の「その他の資本の構成要素」における「在外営業活動体における換算額」項目に反映されます。

10-5-4　本国通貨表示と外国通貨表示の財務諸表における為替換算の影響

　近年，企業の国際化に伴い，日本のグローバル企業の中には，英語版で財務諸表を作成している企業も増えており，そこでは，表示通貨を円ベースとドルベースを併記するケースがあります。その場合，円ベースとドルベースでの財務諸表では，為替レートの変動が異なる形で財務諸表に反映されます。

　たとえば，親会社P社（資産100円）と米国子会社S社（資産1ドル）があ

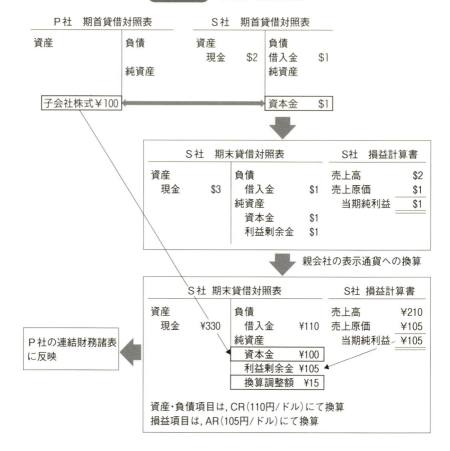

図表10-10　在外子会社の換算

り，T_1期末の為替レートが（100円/ドル），T_2期末の為替レートが（80円/ドル）に円高にシフトしたとします。この事例におけるT_1期およびT_2期の親会社および子会社の資産の合算額を円ベースとドルベースで比較すると，**図表10-11**のとおりです。

表示通貨が円ベースの場合には，円高になると資産総額が減少していますが，表示通貨がドルベースの場合には，資産総額は増加しています。

このように換算する為替レートの変動の影響は，表示通貨ベースの違いで，経営規模が拡大しているように見えることも，逆に縮小しているように見えることもあります。

図表10−11 表示通貨の相違による資産総額の推移

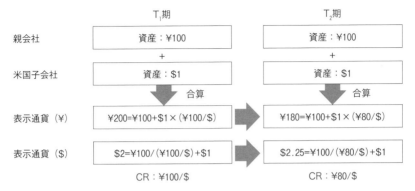

　日本のグローバル企業における連結財務諸表は，表示通貨は円ですので，海外事業はすべて円に換算し，その数値を見て，経営の拡大・縮小の現状を把握しているわけですが，その数値は為替レートによる換算後の数値であることを十分に認識した上で，企業の経営分析を行う必要があります。

10-6　グローバル・キャッシュ・マネジメント

10-6-1　在外子会社のキャッシュ・マネジメント

　企業活動の国際化が進行し，その流れの中で現地化が進んでいくと，企業経営においては，どこまで現地での独立性を認めた経営を行っていくかが主要課題となってきます。さらには，グローバル企業の中には，主に租税上の目的から，経営実態が存在しないペーパーカンパニーを法人税率の低い国に子会社として設立するケースも増加傾向にあります。

　そのような在外子会社の経営課題としては，現地での独立した生産・販売・マーケティング体制の確立，資金調達面での独立性，さらに稼得した資金の現地での再投資と本国配当のバランスも重要となってきます。その資金面での調達・運用の側面を効率的に管理する経営課題が，グローバル・キャッシュ・マネジメントです。

10-6-2　グローバル資金のリスク

　グローバル企業では，在外子会社の経営権限をどこまで委譲して，現地での

製造および販売さらにその背後にある資金循環のプロセスの独自性を認めていくかは，非常に重要な経営課題です。このうち，親会社と在外子会社との間での資金循環プロセスでは，**図表10－12**のリスクが存在しています。

図表10－12　グローバル資金のリスク

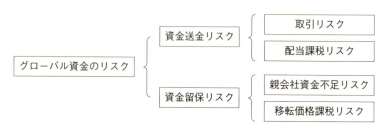

　在外子会社から親会社への資金還流は，配当により実施するのが一般的です。その配当の際には，外貨ベースでのキャッシュを本国通貨に交換して実施するため，取引リスクが発生するとともに，配当が親会社のある国での課税対象となる場合には，配当課税に伴う新たなコストが発生します。

　一方で，在外子会社へ資金留保をする場合には，まず，本国親会社の機能維持さらには新たな研究開発のための資金が不足するリスクが発生します。さらに，親会社のある国の税務当局が，在外子会社から親会社への適正な資金還元がなされていないと判断した場合には，移転価格課税の対象となるリスクが発生します。

Column 10.2

未分配利益の税効果情報

　グローバル企業が在外子会社に留保している利益剰余金についての将来の活用法に関する情報は，企業の将来分析においては，非常に有用な情報となります。その情報となるのが，連結財務諸表注記の「法人所得税費用」項目です。その注記情報には，連結財務諸表に反映されている「繰延税金資産」，「繰延税金負債」項目の内訳情報が開示されています。

　在外子会社に留保されている利益剰余金については，現地で再投資する予定の場合には，資金の移動に伴う課税関係は発生しませんが，親会社に配当予定の場合には，配当による資金の移動に伴い，親会社の属する国から配当課税をかけられる可能性が高く，その課税予定額は，「繰延税金負債」項目に反映す

> る必要があります。その結果，連結財務諸表注記の繰延税金負債の内訳に「未分配利益」項目が存在する場合には，その金額から，将来の在外子会社から親会社への配当予定額を推定することが可能です。

10-6-3　移転価格課税リスク

　在外子会社が抱えるリスク要因のなかで，重大なリスク要因となりつつあるのが「税務リスク」で，なかでも「移転価格課税」リスクがグローバル企業における重要な経営課題になってきています。ここに移転価格課税とは，独立企業（資本や人的に支配関係にない企業間）間で取引される価格（独立企業間価格，arm's length price）と異なる価格で関連者と取引が行われた場合，その取引価格が独立企業間価格で行われたものとして課税所得金額を算定する税制です。

　近年，グローバル企業では，移転価格課税の対象となる件数も金額も増加し，同課税案件に関連した訴訟問題も増える傾向にあります。

10-6-4　計算事例：移転価格課税

　日本のグローバル企業では，主要商品について，原価80円に対して売価100円を設定して販売していたとします。この商品について，日本の親会社が米国の在外子会社に販売し，同子会社を通じて米国市場でも販売したと計画したとします。

　その際，日本の親会社が米国の在外子会社への商品の販売価格は，通常の外部顧客への販売価格と同様に（100円）を設定した場合，その販売価格は，「独立当事者間価格」として認められます。その販売価格に基づく，日本の親会社の利益および法人税額は，次のとおりです（法人税率40％とします）。

　日本の親会社の利益（20円）＝売上（100円）－売上原価（80円）

　法　人　税　額（8円）＝利益（20円）×法人税率（40％）

　一方で，日本の親会社が米国の在外子会社への商品の販売価格を割安に設定し，90円とした場合，利益および法人税額は，次のとおりです。

　日本の親会社の利益（10円）＝売上（90円）－売上原価（80円）

　法　人　税　額（4円）＝利益（10円）×法人税率（40％）

この場合，日本の税務当局から，在外子会社に不当に安い価格にて商品を販売したことにより，日本での法人税の納税を回避していると判定されるリスクが生じます。これが，移転価格課税リスクです。

移転価格課税の対象と認定された場合には，独立当事者間価格を元に算定した法人税額（8円）と実際の法人税額（4円）の差額（4円）が，追徴課税の対象となります。

10-7　Tableauを活用した財務報告分析

10-7-1　Case Study：為替差損益

Tableau Publicにおける「グローバル企業の財務情報」(Sec.10 海外事業展開と外貨換算会計) を開き，（自動車）の中から数社を選択して下さい。比較対象企業の過去5年間の対ドルの為替レートの変動と各社の為替差損益の金額の時系列推移を調べ，円安傾向で多額の為替差損益が発生している特徴を理解できたか確認してみましょう。

10-7-2　Case Study：キャッシュ・フロー・ヘッジ

Tableau Publicにおける「グローバル企業の財務情報」(Sec.10 海外事業展開と外貨換算会計) を開き，（小売業 Fast Fashion）の中からファーストリテイリングを選択して下さい。同社の輸入規模と為替予約の金額の時系列推移を調べてみましょう。

SPAの形態もアパレル企業では，自社製品を海外マーケットに生産委託をし，輸入しているのが一般的です。ファーストリテイリングでは，主に中国マーケットに生産委託をし，ドル建てベースで製品を輸入しており，その輸入の際にドル建ての為替予約を締結しています。

ファーストリテイリングの商品の輸入規模は，連結損益計算書の売上原価からその概算額を推定できます。一方で，同時期に締結している為替予約契約の残高を比較して，その規模は，将来の商品の輸入拡大を見込んで，早期に，キャッシュ・フロー・ヘッジを締結していることを確認してみましょう。

さらに，為替予約の締結内容についても，将来の為替変動を効果的に予測しており，多額の評価益が発生しており，為替予約による利益貢献度合いが非常

に大きかったことが理解できたか確認してみましょう。

10-7-3　Case Study：為替換算調整勘定

　Tableau Publicにおける「グローバル企業の財務情報」(Sec.10 海外事業展開と外貨換算会計）を開き，(自動車）の中から数社を選択して下さい。比較対象企業の過去5年間の対ドルの為替レートの変動と各社の為替換算調整勘定の金額の時系列推移を調べ，円安傾向で為替換算調整勘定の金額が減少している特徴を理解できたか確認しましょう。

演習問題

Q1　取引リスクと換算リスクの違いについて説明しなさい。

Q2　海外へ商品を輸出する企業においては，為替の変動が「売上収益」に与える潜在的なリスクを説明しなさい。

Q3　為替予約の設定で，回避できるリスクと新たに発生するリスクを説明しなさい。

Q4　キャッシュ・フロー・ヘッジの特徴を説明しなさい。

Q5　公正価値ヘッジとキャッシュ・フロー・ヘッジの相違点を説明しなさい。

Q6　在外子会社を連結財務諸表に合算する際の換算方法を説明しなさい。

Q7　在外子会社の個別財務諸表は，円高にシフトした場合，連結財務諸表にはどのような影響をもたらすか説明しなさい。

Q8　グローバル企業が為替変動リスクを回避するためにどのような対応をしているか，具体的な方法を説明しなさい。

Q9　連結損益計算書に計上される「為替差損益」にはどのような項目が反映されるか説明しなさい。

Q10　日本の自動車産業の主要企業について，為替の変動と業績の推移にはどのような関連性があるか調べなさい。

第11章

M&Aにおける企業結合会計

11-1　M&Aの経済実態

　企業が実施する最大規模の取引は，他の会社を取得するM&A（Merger & Acquisition：「合併・買収」）です。M&Aは，狭義には，他の会社を取得して自社に吸収する取引が対象ですが，広義には，他の会社の株式の過半数を取得して自社の支配下にしつつ，その会社は継続して存続させる「子会社化」も含みます。M&Aを実施する会社のことを「取得会社」，取得対象となる会社のことを「被取得会社」といいます。

　M&Aを実施するには，被取得会社の株主から当該会社の株式を取得したうえで，対価を支払わなければなりません。その支払い方法には，現金による支払いと株式交換があります。

① 　現金による支払い

　被取得会社の株主に対して，企業内部に留保されている自己資金または金融機関からの借入金により対価を支払う方法です。その際，金融機関からの借入金が多額になる場合には，M&A実施後に金融機関による経営関与が強まるリスクがあります。

② 　株式交換

　被取得会社の株主に対して，取得会社の株式を交付して被取得会社の株式と交換する方法で，取得会社の株式は，新たに株式を発行（増資）するケースが一般的ですが，一部の株式は，自社が保有している自己株式を充当することもあります。株式交換後は，（旧）被取得会社の株主は取得会社の株主になるた

め，M&A実施後の取得会社は（旧）被取得会社の株主の影響を受けることになります。

11-2 企業結合会計とのれん

11-2-1 のれんの算定方法

M&Aによる他の会社の取得は，企業会計では，「企業結合」といい，「取得法（パーチェス法）」という会計処理により，取得会社の財務諸表に被取得会社を反映されます。ここに，「取得法」とは，被取得会社のすべての資産・負債を購入（取得）したとみなして，取得会社の財務諸表に合算する会計処理をいい，具体的なプロセスは次のとおりです。

① 被取得会社の資産・負債の公正価値（時価）の算定

通常の取引で取得する資産（または負債）の購入価額は，購入時点での当該資産（または負債）の公正価値（時価）です。被取得会社を取得するとは，当該会社のすべての資産・負債を取得することであるため，それらの資産・負債の取得価額は，支配獲得日における個々の資産・負債の公正価値にて算定します。この価額は，被取得会社の直近の会計年度の貸借対照表に反映されている資産・負債の評価額とは異なります。

② 被取得会社の純資産価値（公正価値ベース）の算定

被取得会社の純資産価値は，総資産から総負債の評価額を控除した純資産額により算定します。支配獲得日の純資産価値は，被取得会社の資産全体の公正価値総額から負債全体の公正価値総額を控除して算定します。

③ 被取得会社の取得原価（支払対価）の算定

被取得会社の取得原価は，被取得会社の株主に支払われる対価によって算定します。その対価は，②の被取得会社の純資産価値が基礎となりますが，さらに，支配獲得日での被取得会社の株価や将来の期待収益額などの様々な経済要因も考慮して，最終的には，取得会社と被取得会社との交渉によって決定されます。その交渉により決定された価額に基づいて，現金または取得会社の株式にて対価が支払われます。

④ 「のれん」の算定

②の被取得会社の純資産価値と③の被取得会社の取得原価は，乖離するのが一般的で，将来性のある会社を取得する場合には，被取得会社の取得原価が被取得会社の純資産価値を大幅に上回るケースも多く，その差額を「のれん」といい，次の計算式から算定します。

> のれん ＝ 被取得会社の取得原価（支払対価） － 被取得会社の純資産価値（公正価値ベース）

この計算式から算定されるのれんは，企業結合で取得した，個別に識別されていない資産から生じる将来の経済的便益を表す資産です。

11-2-2 被取得会社の合算方法

被取得会社は，支配獲得日において，取得会社の財務諸表に次のプロセスに基づいて合算されます。

① 被取得会社の資産・負債の合算

被取得会社の資産・負債は，支配獲得日の公正価値に基づいて，取得会社の資産・負債に合算します。

② 被取得会社の純資産の消却と支払対価の処理

被取得会社の純資産は，当該会社の株主から取得した被取得会社株式に対応する部分です。被取得会社株式は，支配獲得後は消却されますので，被取得会社の純資産部分は取得会社には引き継がれません。その代わり，取得会社による支払対価を反映させ，たとえば，新株発行が行われた場合には，取得会社の資本金が増加します。

③ のれんの計上

被取得会社の取得原価と被取得会社の純資産価値の差額から計算されるのれんは，その金額がプラスの場合には，取得会社の資産として計上し，その金額がマイナスの場合には，割安な価額で会社を取得できたことを反映するため，支配獲得日の利益として計上します。

11-2-3　計算事例：株式交換によるM&A

　A社（取得会社）がB社（被取得会社）を当会計年度の期首にM&Aを実施して，A社株40株（株価@3）を新株発行してB社株主が保有するB社株式と交換し，A社に合併したとします。期首時点のA社およびB社の貸借対照表は，**図表11－1**のとおりです。

図表11－1　M&Aの計算事例

A社 貸借対照表

資産		負債	
現金	200	借入金	100
建物	100	純資産	
		資本金	200
合計	300	合計	300

B社 貸借対照表

資産		負債	
現金	100	借入金**	50
建物*	50	純資産	
		資本金	100
合計	150	合計	150

*公正価値　65　　**公正価値　55

　このM&Aにおけるのれんは，次のプロセスから算定します。

- 被取得会社の純資産価値（公正価値ベース）（110）＝ B社資産の公正価値165（現金100＋建物65）－負債の公正価値55（借入金55）
- 被取得会社の取得原価（支払対価）（120）＝ A社株式40株×支配取得日のA社株価（@3）
- のれん（10）＝ 被取得会社の取得原価（120）－被取得会社の純資産価値（110）

　この結果，B社合併後のA社の貸借対照表は，**図表11－2**のとおりです。

図表11－2　M&A実施後の貸借対照表

A社 貸借対照表

資産		負債	
現金	300	借入金	155
建物	165	純資産	
のれん	10	資本金*	320
合計	475	合計	475

*M&A実施前資本金200＋新株発行分120

Column 11.1
企業結合における持分プーリング法の廃止

　日本基準における企業結合の会計処理では，2008年の制度改正まで，取得法のほかに，「持分プーリング法」という代替処理も認められていました。ここに，「持分プーリング法」とは，被取得会社の資産，負債，資本を帳簿価額のまま受け入れ，のれんは発生させない会計処理です。日本では，取得会社と被取得会社の関係が対等で，取得・被取得の関係が不明なM&Aが多かった点を考慮し，持分プーリング法の適用を容認してきました。

　しかし，IFRSでは，のれんの存在が取得会社の財務諸表に反映されない持分プーリング法は，財務諸表情報の有用性を損なう可能性が高いことから，持分プーリング法の適用は認めず，取得法のみを認めています。このような背景のもと，日本基準でも，会計基準の国際的コンバージェンスを図ることを主目的として，2008年の制度改正により，取得法の処理に一本化されています。

11-3　のれんの経済合理性

11-3-1　のれんの経済合理性の判断

　グローバル企業が実施するM&Aには，数千億円・数兆円単位の大規模なものも多く，取引の成否が，企業の将来性に大きな影響をもたらします。なかでも，多額ののれんが発生しているM&Aでは，その投資に見合う対価の回収可能性が，取得会社の将来性の判断においては非常に重要です。

　その回収可能性は，主に支配獲得後の取得会社の利益増加要因の予測から検討します。ここに収益増加要因とは，被取得会社が経常的にあげてきた利益が取得会社の利益に加算される要因と，取得会社と被取得会社の事業が一体化されることにより発生するシナジー効果からもたらされる追加的な利益増加要因です。これらの要因が期待したとおりに実現できなければ，そのM&Aは失敗に終わることになります。

　たとえば，図表11－2に示したA社ののれん（10）は，被取得会社の事業継承による利益の増加が一定期間見込めれば，そののれんの経済合理性はあると判断できます。被取得会社の事業からの利益増加効果は5年間期待できると考えられる場合，毎期の期待利益増加額が（2/年）であったとすると，総額（10＝2/年×5年）となり，のれん（10）に相当する投資は回収できると判断でき，このようなケースは，のれんの経済合理性はあると判断できます。し

かし，毎期の期待利益増加額が（1/年）である場合には，総額（5＝1/年×5年）となり，のれんの回収可能性は低く，M&A実施が取得会社の経営を圧迫する要因になると判断できます。

> **Column 11.2**
> **米国グーグル社によるユーチューブ社の買収**
> 　米国Google社（以下，「グーグル」という）は，2006年に動画投稿サイトYouTube社（以下，「ユーチューブ」という）を買収しました。その買収金額は，16億5,000万ドル（当時の為替レートで約2,000億円）でした。当時のユーチューブは，年間の広告収入が1,500万ドルレベルの売上収益規模だったので，その買収金額は，その売上収益の約100倍の金額を対価として支払ったことになり，当時，市場では厳しい論調が大多数でした。
> 　しかし，その後のグーグルの成長とともに動画投稿サイトの急拡大のもとに，その買収で発生したのれんの対価分は，数年で回収することができました。このように，IT業界では，時として通常の経済合理性の計算では想定できない規模でのM&Aが行われ成功するケースがあります。

11-3-2　負ののれんの買収事例

　M&Aのなかには，被取得会社を割安な対価で取得できるケースもあります。そのような案件は，価格の割安感を反映して，「ラッキーバイ（Lucky Buy）」といい，のれんの金額はマイナスとなり，「負ののれん」といいます。負ののれんが生じるM&Aとは，被買収会社の業績が良くない状態が続き，今後，単独で事業を継続しても業績回復は難しいのですが，取得会社とシナジー効果が期待でき，両者が一体化されれば業績改善が期待できる場合に成立します。ただし，取得会社においては，支配獲得後に，シナジー効果が発生しなければ，将来にわたり大きな業績負担となるリスクがあるM&Aです。

11-3-3　負ののれんから正ののれんへの変更事例

　M&Aの中には，支配獲得時点では，負ののれんを計上したにもかかわらず，その後の会計年度末で，負ののれんの計上を修正して，正ののれんとするケースがあります。このような変更は，支配獲得後に，被取得会社の経営実態を精査したところ，当該会社の資産価値が，当初想定していたより低かったことが

原因で生じます。たとえば，図表11-1で示したB社を（100）で取得した場合，のれんは次のとおりです。

(負の)のれん（△10）＝B社取得原価（100）－B社純資産価値（110）

支配獲得後にB社の資産を再評価したところ，建物の実質価値は（40）しかないことが判明したとします。この場合，B社の修正後純資産価値（**図表11-3**）および修正後のれんの金額は，次のようになります。

B社修正後純資産価値（85）＝資産（140＝現金100＋建物40）－負債（55）
のれん（15）＝B社取得原価（100）－B社修正後純資産価値（85）

このような事例は，支配獲得時点では割安な購入と考えていた取引が，実際には，純資産価値よりも高い価額で購入した取引であったことが支配獲得後に判明したことを意味しています。負ののれんが発生するM&Aは，被取得会社の業績が良くないケースが大半であるため，取得会社では，支配獲得による業績悪化のリスクに加えて，資産の追加的な評価引下げの影響を受けることになるため，重大な業績圧迫要因になります。

「負ののれんが，正ののれんに変更される」という表現は，一見，取得会社に良い影響をもたらすような印象を与えますが，実際には，取得会社の経営に重大な圧迫要因となるリスクを伴ったM&Aであるといえます。

図表11-3 支配取得時および再評価後貸借対照表

B社 貸借対照表(支配取得時)			
資産		負債	
現金	100	借入金*	55
建物*	65	純資産	
		資本金	100
		評価差額	10
合計	165	合計	165

資産の再評価 →

B社 貸借対照表(再評価後)			
資産		負債	
現金	100	借入金	55
建物	40	純資産	
		資本金	100
		評価差額	△15
合計	140	合計	140

＊公正価値評価後

11-4 のれんの償却と減損

11-4-1 のれんの非償却と償却

　大規模なM&Aを実施した後の取得会社の貸借対照表の資産には，多額ののれんが計上されます。そののれんに関連して，経営者が，M＆A実施後に懸念する課題は，のれんが毎期の利益に対して圧迫要因となるリスクです。

　有形固定資産は，取得原価を耐用年数にわたり一定の償却方法により原価配分を行い，毎期，減価償却費を費用項目として計上しています。のれんについても，従来は有形固定資産と同様に償却対象の資産項目でしたが，現行のIFRSでは，のれんの効果が及ぶ期間が不明瞭であること，さらにはのれんの償却が毎期の利益の圧迫要因となるリスクへの配慮から，毎期の規則的な償却は行いません。そのため，支配獲得日に計上したのれんの金額は，毎期の会計年度末には償却対象とならず，そのまま継承されます。

　一方で，日本基準では，のれんについても，有形固定資産と同様に，償却対象の資産として位置づけています。具体的には，支配獲得後，20年以内の期間にわたり，毎期一定額ずつ償却して費用計上する会計処理を定めています。

　IFRSと日本基準では，様々な取引の認識・測定において，異なる規定を置いていますが，のれんの償却の有無の違いは，会社の業績に与える最も大きな要因であるといえます。

　日本基準では，のれんは支配獲得後，20年以内の期間にわたり，毎期一定額ずつ償却して費用計上します。その会計処理においては，次の２つの要件を満たす必要があります。

- 「20年以内」の規定……償却期間は，取得会社の経営者が，被取得会社への支払対価を回収できる期間を合理的に見積って算定します。ただし，その期間は，20年以内の範囲内で決定する必要があります。
- 均等額償却の規定……均等額償却とは，毎期同額ずつ償却すること意味し，毎期の償却額を経営者の裁量で変更することはできません。

11-4-2　のれんの減損処理

IFRSでは，のれんは償却対象外の資産ですが，経営環境の変化に伴い，支配獲得のための投資額が回収不能であると判断される状況になった場合には，回収可能見込額まで，のれんの評価額を引き下げる減損処理をとらなければなりません。のれんの減損処理は，次のプロセスに基づいて実施します。

① **資金生成単位へののれんの配分**

支配獲得後の被取得会社の事業は，取得会社の既存の事業部に吸収されるか新規事業部となります。それらのキャッシュ・イン・フローを生成させる事業単位を「資金生成単位」といいます。被支配会社の支配獲得日に生じるのれんは，資金生成単位ごとに配分して，それぞれに帰属する金額を算定します。

② **減損テスト実施**

減損テストとは，テスト実施時の資金生成単位の帳簿価額と回収可能価額とを比較するテストで，次の図のプロセスにて実施します。

```
                    「使用価値」と            ┐ いずれか
                    「処分費用控除後の公正価値」┘ 高い金額
                              ↓
減損テスト：資金生成単位の  ←  比較  →  資金生成単位の回収可能価額
            帳簿価額
                              ⇩
減損損失の認識対象：（帳簿価額＞回収可能価額）の場合，減損損失の認識対象
```

- 使用価値……各資金生成単位において経営者が承認した事業計画（対象期間は，3～5年間のケースが多い）から算定した使用価値と，事業計画を超過した期間について，各資金生成単位の国や産業の状況を勘案して決定して予想成長率を基礎として算定した継続価値とを合算して算定します。
- 処分費用控除後の公正価値……株式市場など活発な市場での相場価格から資金生成単位の処分費用を控除して算定します。

減損テストは，まず年に1度，関連する事業計画の策定時期を勘案して定期的に実施します。さらに，資金生成単位の損益が継続してマイナスになるケースなど，減損の兆候が発生した段階で，適宜，実施します。

③ **減損損失の計上**

減損テストを実施して，資金生成単位の回収可能価額が期末評価額を下回った場合，次の計算式に基づいて減損損失と減損後ののれんの金額を算定します。

> 減損損失の計上額＝資金生成単位の期末評価額－資金生成単位の回収可能価額
> 減損実施後ののれんの計上額＝支配獲得日ののれんの計上額－減損損失計上額

なお，日本基準では，定期的な減損テストの実施は求めておらず，のれんに関連する事業の割引前将来キャッシュ・フローの総額が事業の簿価を下回る場合にのみ回収可能価額を見積り，減損損失を認識するというアプローチが採用されています。IFRSでは，割引前将来キャッシュ・フローの総額が簿価を上回っていたとしても，回収可能価額が簿価を下回っていることもあるので，日本基準よりもIFRSのほうが，減損損失を認識する基準が厳格であるといえます。

Column 11.3

減損の兆候と感応度分析

減損の兆候の判断においては，「感応度分析」を使用することが多くあります。ここに「感応度分析」とは，経済事象の予測において，それに関係する1つの変数が変動した時の変動結果を分析する手法で，減損の兆候において活用するのは，使用価値の変動の局面です。使用価値は，税引前将来キャッシュ・フローの見積額を一定の割引率で割り引いた現在価値から算定します。

$$使用価値 = \sum \frac{FCF}{(1+r)^t} \quad FCF：将来キャッシュ・フローの見積額，r：割引率$$

使用価値は，事業計画自体の見直しが行われ，将来キャッシュ・フローの見積額が変更されるケース，事業特有のリスクが変動して割引率が変更されるケースなどにおいて変動します。さらに継続価値を算定する際に考慮する各資金生成単位の国や産業の状況の予想成長率に変化が生じた場合にも，影響を受けます。これらの変動要因が発生した時点で，感応度分析を実施して，減損の兆候の有無を判断します。

11-4-3　IFRSと日本基準におけるのれんの減損損失の財務的影響の違い

　IFRSを適用している企業と日本基準を適用している企業について、のれんの減損を実施した場合における減損損失の計上額は、図表11－4に示すようになります。

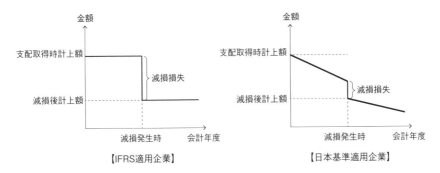

図表11－4　のれんの減損処理：IFRSと日本基準の比較

> **Column 11.4**
> **のれんの多額減損の事例**
> 　過去の買収事例のうち、のれんの最大規模の減損は、2000年1月に「世紀のメディア融合」と騒がれた米国メディア・娯楽大手のTime Warner社（以下、「タイム・ワーナー」という）とインターネット接続大手のAmerica On Line社（以下、「AOL」という）の合併から生じたのれんの減損のケースです。
> 　この合併では、合併後わずか1年が経過した2002年第1四半期において、合併新会社であるAOLタイム・ワーナーは、のれんの減損として540億ドルの巨額損失とともに、2002年の年度決算において年間総額987億ドルという米国企業の市場最高の規模の赤字も計上しました。

11-5　無形資産の意義

11-5-1　無形資産の対象項目

　企業が保有する固定資産には、有形固定資産のほかに、物的実態のない無形資産も存在します。無形資産は、主に特許権、免許権、商標権など法律上で保護されている権利や、研究開発能力、ブランド価値など他社との競合上の経済的優位性を反映した項目などが該当します。

企業経営では，集客力のある店舗や生産効率の高い工場設備などの優良な有形固定資産を保有することが基本ですが，IT産業，医薬品産業などを中心に最先端の技術やノウハウを必要とする企業では，無形資産の重要性が急速に高まってきています。

無形資産は，有形固定資産のように物的実態が存在しないために，その存在自体を正確に把握することが困難であるとともに，無形資産自体を単独に市場で売買することも少ないために，企業が保有する無形資産の実態を正確に把握することが難しい特性があります。

企業が保有する無形資産は，主に自社での研究開発活動や広告活動などから生じたものと，M&Aにより他社から取得したものから構成されます。

11-5-2 自己創設無形資産

自社で開発した無形資産は，「自己創設無形資産」といい，研究開発活動によって得た技術から取得した特許権や，広告宣伝活動を通じて市場に浸透させてきた自社ブランドなどが代表的なものです。これらの資産は，他社との競合上の経済的優位性をもたらすものですが，その優位性を反映した項目は貸借対照表には反映されない，いわゆるオフバランス項目です。

企業では，多額の研究開発コストを費やして新技術の確立を目指しています。新技術の開発が成功した場合には，企業に多額の将来収益をもたらしますが，毎期の研究開発活動のうち新製品に生かすことができた部分を正確には把握できないため，それらのコストは，毎期の費用として計上して，無形資産には計上はできません。ただし，研究開発活動を通じた新技術についての支出のうち，次の条件を満たす場合には，資産計上します。

- 信頼性をもって測定可能であること
- 技術的に実現可能であり，将来の経済的便益を得られる可能性が高いこと
- 当社グループが開発を完成させ，当該資産を使用または販売する意図およびそのための十分な資源を有していること

資産化した場合の取得原価は，特許権のもつ実質的な経済価値を反映してお

らず実質的な経済価値より小さいのが一般的です。

　同様に広告宣伝活動についても，製品の販売促進や企業のブランドイメージの向上による将来収益への貢献効果を正確には把握できないため，毎期の広告宣伝活動に要したコストは，その期の費用とし，無形資産には反映しません。

11-5-3　取得した無形資産

　他社の無形資産を取得するケースは，有形固定資産のように資産単独で取得するケースは少なく，通常は，M&Aを通じて取得します。他社を取得する際には，被取得会社の資産・負債は，支配獲得日の公正価値で算定します。この公正価値は，被取得会社の保有する無形資産の実質的な経済価値を反映するため，被取得会社の貸借対照表で計上されていた無形資産の金額から大きく乖離することがあります。

Column 11.5

ソフトバンクが計上する無形資産

　ソフトバンクの2014年3月期の連結財政状態計算書には，6兆8千億円を超える巨額の無形資産が計上されています。その無形資産のうち約3兆7千億円分が，「FCCライセンス」という無形資産です。ここに「FCCライセンス」とは，米国連邦通信委員会（FCC）が付与する特定の周波数を利用するためのライセンスで，規制当局の定める規制に準拠しているかぎり，その更新・延長は最低限のコストで行うことが可能なものです。ソフトバンクが計上したFCCライセンスに係る無形資産は，M&Aにより取得した米国通信会社Sprint社が保有していたFCCライセンスの実質的な経済価値から算定した公正価値を反映したものでした。

11-5-4　無形資産の償却・非償却

　有形固定資産は，継続的な使用により物的な減耗が生じることから，その耐用年数を特定化することは可能です。無形資産についても，継続的な使用や時間の経過によりその価値が減少する特性をもち，その耐用年数を特定化できる項目もありますが，その価値減少を明確に把握することが困難で，耐用年数を特定化できない項目もあり，具体的な項目は，次のとおりです。

> 耐用年数を特定化できる無形資産：ソフトウェア，顧客基盤，ゲームタイトル等
> 耐用年数を特定化できない無形資産：商標権等，法的権利を反映した無形資産

　そのうえで，耐用年数を特定化できる無形資産については，会計年度末に，有形固定資産と同様に減価償却の手続きを行い，連結損益計算書（または損益計算書）には減価償却費を反映し，連結財政状態計算書（または貸借対照表）には取得原価から減価償却累計額を控除した金額を反映します。
　一方で，耐用年数を確定できない無形資産は，償却の対象とせず，毎期の連結財政状態計算書（または貸借対照表）には，取得原価を反映させます。

11-5-5　無形資産の減損

　無形資産についても，有形固定資産，のれんと同様に減損処理の対象になります。無形資産（耐用年数を確定できない無形資産を除く）については，通常，四半期ごとに減損の兆候があるかを判断します。減損の兆候が存在する場合には，当該資産の回収可能価額を見積ります。その回収可能価額は，通常，個別の無形資産について見積りますが，個別の無形資産の見積りが不可能な場合には，当該資産が属する資金生成単位の回収可能価額を使用します。
　無形資産について過年度に認識した減損損失へは，毎期の会計年度末に減損の減少または消滅を示す兆候の有無も判断します。さらに，減損の戻入の兆候がある場合，その資産の回収可能価額を見積り，回収可能価額が資産の帳簿価額を上回る場合には，回収可能価額と過年度に減損損失が認識されていなかった場合の償却または減損損失控除後の帳簿価額とのいずれか低いほうを上限として，図表11－5のように減損損失の戻入れを実施します。

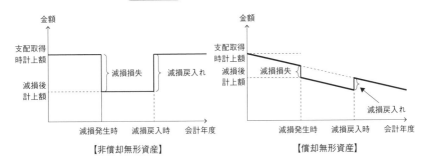

図表11−5　無形資産の減損戻入れ

　IFRSでは，自己創設無形資産については，研究開発活動に費やした過去のコストのうち，当該無形資産との関連性について厳格な要件をかかげて，その要件をすべて満たした場合にのみ認識を行う規定を置いています。一方で，日本基準では，自己創設無形資産については，特許権を取得した研究開発活動についての無形資産の計上では，特許権の法的手続きに要したコストのみを取得原価の対象とし，研究開発活動に費やした過去のコストは含めません。

　また，IFRSでは，無形資産の減損の戻入れを認めていますが，日本基準では，戻入れの処理は認めていません。

11-6　Tableauを活用した財務報告分析

11-6-1　Case Study：のれん・無形資産

　Tableau Publicにおける「グローバル企業の財務情報」(Sec.11 M&Aにおける企業結合会計)を開き，(情報通信)の中からソフトバンクを選択して下さい。同社の「のれん」および「無形資産」項目を選択して，過去5年間の計上金額の時系列分析をしましょう。

　ソフトバンクが行った主なM&Aと毎期の「のれん」および「無形資産」の金額変動が連動している特徴を理解できたか確認しましょう。

11-6-2　Case Study：無形資産

　Tableau Publicにおける「グローバル企業の財務情報」(Sec.11 M&Aにおける企業結合会計)を開き，(IT事業)の中から数社選択して下さい。比較対

象企業の「無形資産」項目を選択して，過去5年間の計上金額の時系列分析をしましょう。

　無形資産の計上金額を多く計上している企業を抽出したうえで，当該企業の注記情報から無形資産の内訳を調べてみましょう。IT事業では，安定した顧客の確保が非常に重要であり，企業が保有する顧客リストは，重要な経済価値を有する無形資産として計上されているケースが多くあります。その顧客リストを無形資産に計上しているIT事業の会社をリストアップして，当該企業の経営戦略の特徴を分析しましょう。

11-6-3　Case Study：のれんの減損

　Tableau Publicにおける「グローバル企業の財務情報」(Sec.11 M&Aにおける企業結合会計) を開き，(IT事業) の中から数社選択して下さい。比較対象企業の「のれん」項目を選択して，過去5年間の計上金額の時系列分析をしましょう。

　IT事業は，事業の変革のスピードが速い典型的な産業で，M&Aも積極的に行われています。しかし，そのM&Aが，当初の経営計画どおりには推移しないケースが多く，のれんの減損処理も頻繁に行われている実態があることを確認しましょう。

演習問題

Q1 企業がM&Aを実施する際の対価の支払方法について説明しなさい。

Q2 多額の「のれん」が計上されるM&Aとは，どのようなケースか説明しなさい。

Q3 日本GAAPにおける「のれん」の償却と減損の処理について説明しなさい。

Q4 IFRSにおけるのれんの減損処理について述べなさい。

Q5 M&Aを実施時には，「負ののれん」を計上し，その後，「正ののれん」に変更されるケースとは，どのようなケースか説明しなさい。

Q6 「負ののれん」を計上した具体的なM&Aのケースを探してみましょう。

Q7 自己創設無形資産の対象となる具体的な項目について説明しなさい。

Q8 取得した無形資産の会計処理について説明しなさい。

Q9 無形資産のうち，償却対象となる資産と償却対象とならない資産について，具体的な項目をあげなさい。

Q10 無形資産の減損処理について説明しなさい。

第12章 連結会計とセグメント情報

12-1　企業グループにおける連結財務諸表の意義

12-1-1　親会社の組織形態

　企業グループは，親会社を頂点として，その傘下に子会社が存在するピラミッド型の組織です。その企業グループにおける親会社は，活動形態の違いから，次の**図表12－1**に示す2つの組織体制に区分できます。

図表12－1　純粋持株会社と事業持株会社

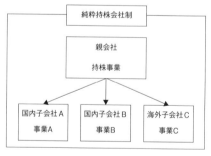
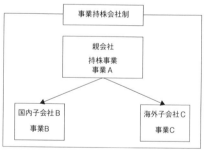

① **純粋持株会社制**

　親会社では，事業活動は行わず，子会社株式を保有し，子会社の管理業務のみを行い，企業グループの主要事業活動は，子会社で実施する組織体制です。純粋持株会社制は，事業活動は個々の子会社単位で実施し，事業の分離や撤退を行いやすく，経営環境の変化に適時対応できる経営体制であるといえます。欧米の企業グループの大多数は，純粋持株会社制をとっています。

② 事業持株会社制

親会社は，子会社株式の保有に加えて，企業グループの主要事業も実施している組織体制で，子会社では，親会社が実施している事業のサポート活動をしたり，親会社が実施していない事業活動を行ったりしている組織体制です。

日本では，1998年まで独占禁止法のもとに純粋持株会社の設立が認められていなかったため，伝統的な企業では事業持株会社制をとってきましたが，1998年以降は，純粋持株会社制へ移行する企業が増えています。また，1998年以降に設立された会社では，設立当初から純粋持株会社制をとるのが一般的です。

12-1-2　連結財務諸表と個別財務諸表の開示

連結財務諸表は，企業グループ全体の経営実態を反映した財務情報です。一方で，親会社，子会社それぞれの会社ごとの経営実態を反映した財務情報が個別財務諸表です。

純粋持株会社制を採用している企業では，親会社は子会社の株式管理しか業務を実施していないため，親会社の単独の業績評価をする必要性はなく，親会社の個別財務諸表の有用性は低いです。欧米の企業では，純粋持株会社制をとるのが一般的であるため，欧米各国の規制では，開示対象は連結財務諸表のみで，親会社の個別財務諸表は対象外です。

一方で，日本の企業では，現在も事業持株会社制を採用している企業が多く，主要事業を行っている親会社単独の業績評価は非常に重要で，親会社の個別財務諸表の有用性は高いです。そのため，日本の有価証券報告書では，連結財務諸表に加えて，親会社の個別財務諸表も開示対象となっています。

12-2　親会社が設立した子会社

12-2-1　子会社の設立に伴う財務的影響

企業は，設立当初は単独の会社で事業展開をしますが，事業や市場の拡大に伴って，別会社を設立し，親子関係をもつ企業グループへと発展していきます。別会社を設立する会社（親会社）をP社，設立された会社（子会社）をS社とし，P社が当会計年度の期首に現金100を拠出してS社を設立したとします。その設立に伴い，P社側では，S社株式（「子会社株式」）を保有することにな

り，S社側では資本金が計上されることになります。S社設立後のP社および S社の個別財務諸表を示すと，**図表12－2**のとおりです。

図表12－2　子会社設立に伴う親子の資本関係

親会社が子会社を設立する場合，設立当初は，子会社の株式のすべてを親会社が保有することになります。このような子会社のことを「完全子会社」（または，「100％子会社」）といいます。

12-2-2　株式会社以外の事業体による子会社設立

親会社が子会社を設立する場合には，株式会社以外の他の形態で会社を設立することもあります。たとえば，SPC（Special Purpose Company）またはSPE（Special Purpose Entity）といわれる，特定の事業目的の遂行のみを行う事業体で，資金のアクティブ運用などの特定事業に特化した事業体です。これらの事業体を設立する場合，その事業体が子会社の対象となるのは，出資関係や契約条項に基づき，当該事業体に対して親会社による経営方針や財務方針へのパワーがおよぶ事実関係があり，当該事業体のリターンとリスクの帰属先が実質的に親会社に帰属する場合です。

Column 12.1

米国：エンロン事件

　1980年代から，米国を中心に急速に発展し始めたデリバティブ取引は，1990年代に入ると欧米のグローバル企業では，収益・リスク性の高い投機目的で積極的に活用されるようになりました。その取引を行うために活用された事業体がSPCでした。当時の米国，欧米の会計基準では，SPCは連結の範囲に含まれないオフバランス項目であったことが，SPC形態の会社を積極的に活用した主な理由でした。

　このSPCがもたらした重大な経済事件が，2001年11月に米国で発生した

> Enron社（以下，「エンロン」という）の経営破綻です。エンロンは，エネルギー事業を本業としたグローバル企業でしたが，事件発覚当時，数千におよぶSPCを抱え，デリバティブ取引から多額の累積損失を抱えていました。しかし，その実態は，エンロンの連結財務諸表に反映されておらず，その事実は公表されていませんでした。そのような状況下で，2001年11月に，内部告発によってその実態が世間に公表され，当時，世界第4位の時価総額を誇っていた巨大企業が，わずか2週間足らずで経営破綻に追い込まれました。これが，エンロン事件といわれる米国の歴史に残る経済事件です。米国では，その事件のわずか2カ月前の9月にニューヨークで，同時爆破テロ事件があったばかりで，2001年の下半期，米国は重大事件が連続して起きていた時期であったといえます。
>
> この経済事件をきっかけとして，米国基準では，株式会社以外の事業体であっても，その事業体から発生するリスクとリターンが当該事業体に出資する会社に帰属する実態がある場合には，当該事業体はVIE（Variable Interest Entity：変動持分事業体）と位置づけ，出資する会社を親会社として，当該会社の連結の範囲に含める改正が行われています。

12-2-3　完全子会社の連結手続き

親会社が子会社を設立した後は，毎会計年度末に，親会社，子会社それぞれで個別財務諸表を作成したうえで，親会社では，連結財務諸表を次のプロセスにより作成します。

連結財務諸表の作成方法
　＝親会社個別財務諸表　＋　子会社個別財務諸表　－　内部取引（親子間取引）

連結財務諸表は，親会社と子会社から形成される経済的に一体化した事業体である企業グループの経営実態を反映した財務諸表です。親会社と子会社の間で行われている取引は，法的には別会社間での外部取引となりますが，企業グループの視点からは，同一の事業体内での内部取引となるため，連結財務諸表には反映できません。その内部取引の代表的な取引は，次のとおりです。

代表的な内部(親子間)取引
- 親会社による子会社への出資
- 親子間での商品の売買取引
- 親子間での資金の貸借取引

12-2-4　計算事例：連結財務諸表の作成

当会計年度期首にP社が現金(100)を出資して子会社S社を設立したとします。その時点のP社およびS社の個別財務諸表は，**図表12－3**のとおりであったとします。

図表12－3　会計年度期首における個別財務諸表

P社　期首貸借対照表

資産		負債	
現金	200	借入金	100
子会社株式	100	純資産	
		資本金	200
合計	300	合計	300

S社　期首貸借対照表

資産		負債	
現金	100	－	
		純資産	
		資本金	100
合計	100	合計	100

当期のP社およびS社の活動は，次のとおりです。
- P社は，商品(100個)を(単価1)で仕入れ，対価は現金(100)を支払った。
- P社は，商品(50個)を(単価2)で一般顧客に販売し，対価として現金(100)を受領した。
- P社は，商品(50個)を(単価2)でS社に販売し，対価として受取手形(100)を受領した。
- S社は，商品(50個)を(単価3)で販売し，対価として現金(150)を受領した。

この一連の取引を反映した当会計年度末のP社およびS社の個別財務諸表は，**図表12－4**のとおりです。

図表12-4　会計年度期末における個別財務諸表

P社　期末貸借対照表

資産		負債	
現金	200	借入金	100
受取手形	100	純資産	
子会社株式	100	資本金	200
		利益剰余金	100
合計	400	合計	400

P社　損益計算書

売上高	200
売上原価	100
当期純利益	100

S社　期末貸借対照表

資産		負債	
現金	250	支払手形	100
		純資産	
		資本金	100
		利益剰余金	50
合計	250	合計	250

S社　損益計算書

売上高	150
売上原価	100
当期純利益	50

　親会社（P社）と子会社（S社）の個別財務諸表の合算後に控除対象となる内部取引は，次のとおりです。

- P社がS社に商品販売により，P社が受領した「受取手形」(100)とS社が支払った「支払手形」(100)
- P社がS社に商品販売により計上した，P社の「売上高」(100)とS社の「売上原価」(100)
- P社によるS社の出資により計上した，P社の「子会社株式」(100)とS社の「資本金」(100)

　この結果，当会計年度期末のP社の連結財務諸表は，次ページの**図表12-5**のとおりです。

図表12-5　P社連結財務諸表

P社　連結財政状態計算書

資産			負債		
現金	450	①	借入金	100	④
受取手形	0	②	資本		
子会社株式	0	③	資本金	200	⑤
			利益剰余金	150	⑥
合計	450		合計	450	

P社　連結損益計算書

売上高	250	⑦
売上原価	△100	⑧
当期純利益	150	

①：P社200＋S社250
②：P社受取手形100－S社支払手形100
③：P社子会社株式100－S社資本金100
④：P社100
⑤：P社200
⑥：当期純利益150
⑦：P社200＋S社150－P社内部売上100
⑧：P社100＋S社100－S社内部仕入100

12-3　子会社化の手続き

12-3-1　支配力基準に基づく子会社の範囲

　企業グループにおける子会社には、親会社が設立した子会社のほかに、すでに存在している会社の株式を取得して子会社とする、いわゆる「子会社化」により、親子関係を形成した会社も存在します。

　すでに存在している会社の株式を取得した場合、その取得が子会社化に該当するかどうかは、取得会社が株式取得後の被取得会社の経営に対する「支配力」から判断します。ここに、「支配力」とは、事業の展開や撤退などの重要な経営方針、さらに資金の調達、運用、分配に至るまでの財務方針を決定できるパワーを有することです。その支配力が及ぶ具体的な範囲は、次のとおりです。

① 被取得会社の株式の50％超を取得したケース

　取得会社が、被取得会社の株式の50％超の株式を取得した場合、被取得会社の株主総会での過半数の議決権行使により自社の意思をすべて反映できることから、取得会社の支配力が及ぶことになり、被取得会社は子会社となります。なお、その取得割合が100％の場合には「完全子会社化」といいます。

② 被取得会社の株式の取得割合は50％未満であるが，実質的に支配する事実関係があるケース

取得会社が取得した被取得会社の株式は50％未満ですが，被取得会社の株主総会で，行使可能な潜在的議決権が存在し，その行使により議決権の過半数を超えることが可能な場合，さらに被取得会社の取締役の過半数が，取得会社より派遣されている場合など，実質的に支配している事実関係がある場合には，被取得会社は子会社となります。

なお，日本基準でも，子会社の範囲については，IFRSと同様に支配力基準を採用していますが，実質的に支配している事実関係があるケースについては，「議決権の40％以上」という形式的要件を付加しています。

Colimn 12.2

ソフトバンクによるARM社の買収

日本企業における過去最大規模（2016年末現在）のM&Aは，2016年にソフトバンクによる英国半導体メーカーARM社（以下，「ARM」という）の子会社化で，支払対価は3兆3千億円でした。ソフトバンクがARMの支配獲得日におけるARMの純資産価値は，約1,500億円でしたので，のれん相当額は，約3兆1,500億円にのぼりました。ARMの2015年の純利益は約600億円でしたので，ARMの将来の利益水準は毎期ほぼ一定で，ソフトバンク社とのシナジー効果が期待できないと仮定すると，のれんに相当する投資額を回収するには，52.5年（＝3兆1,500億円÷600億円／年）の年数が必要になります。

12-3-2　親会社株主と非支配株主

ある会社が他の会社の株式を取得して子会社化する場合，被取得会社の株式すべてを取得して完全子会社化するケースもありますが，それ以外のケースでは，取得会社が被取得会社を子会社化した後でも，被取得会社には親会社以外の株主は存在しています。その株主のことを「非支配株主」といいます。

取得会社が被取得会社を子会社化した後には，取得会社を親会社とする企業グループの株主は，次ページの**図表12－6**に示す，「親会社株主」と「非支配株主」から構成されることになります。

会社の所有者は株主であり，親会社株主は，親会社の所有者であるとともに，親会社が保有する子会社の株式割合だけ当該子会社も間接的に所有します。

図表12-6　企業グループの株主構成

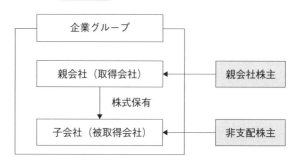

　一方で，子会社の非支配株主の所有は，子会社の株式割合分のみであり，子会社が企業グループの一要因ではあるものの，当該株主の所有対象に親会社は含まれません。このような株主による所有部分を「株主持分」といい，連結財務諸表では，**図表12-7**に示すとおり，「親会社株主持分」と「非支配株主持分」を区分して表示しています。

図表12-7　親会社株主持分と非支配株主持分

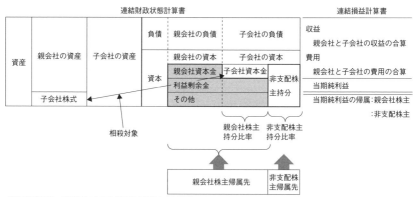

*親子間取引は，親会社による子会社株式投資のみに限定

　連結財務諸表の作成は，M&A実施時の企業結合と同じ手続きを毎期の会計年度末に実施して行います。まず，連結財政状態計算書では，資産および負債項目は，親会社と子会社の当期会計年度の個別貸借対照表の数値の合算手続きから算定し，資本項目は，「資本金」，「利益剰余金」，「その他資本要素」は親

会社持分に帰属する金額を反映し，非支配株主持分に相当する金額は，一括して「非支配株主持分」項目に反映します。

一方で，連結損益計算書では，親会社と子会社の当期会計年度の個別損益計算書の数値の合算手続きから当期純利益を算定します。そのうえで，利益の帰属先として，「親会社株主」および「非支配株主」に帰属する金額をそれぞれ算定します。

12-3-3　計算事例：連結財務諸表における非支配株主持分

P社（親会社）は，S社（子会社）の株式を当会計年度期首に80％取得し，当会計年度末のP社およびS社の個別財務諸表は，**図表12－8**のとおりであったとします。

図表12－8　P社およびS社の個別貸借対照表

P社 貸借対照表

資産		負債	
現金	220	借入金	100
建物	100	純資産	
子会社株式	80	資本金	200
		利益剰余金	100
合計	400	合計	400

P社 損益計算書

売上高	200
売上原価	△100
当期純利益	100

S社 貸借対照表

資産		負債	
現金	150	借入金	50
建物	50	純資産	
		資本金	100
		利益剰余金	50
合計	200	合計	200

S社 損益計算書

売上高	100
売上原価	△50
当期純利益	50

この個別財務諸表を基礎として，当会計年度末のP社の連結財務諸表を作成してみると，**図表12－9**のとおりです。

図表12－9　P社連結財務諸表

P社　連結財政状態計算書

資産		負債	
現金	370 ①	借入金	150 ④
建物	150 ②	資本	
子会社株式	0 ③	資本金	200 ⑤
		利益剰余金	140 ⑥
		非支配株主持分	30 ⑦
合計	520	合計	520

P社　連結損益計算書

売上収益	300 ⑧
売上原価	△150 ⑨
当期純利益	150 ⑩
当期純利益の帰属：親会社株主	140 ⑪
非支配株主	10 ⑫

①：P社220＋S社150
③：P社子会社株式80－S社資本金100×0.8
⑤：P社資本金200
⑦：S社資本金100×0.2＋利益剰余金50×0.2
⑨：P社100＋S社50
⑪：P社100＋S社50×0.8

②：P社100＋S社50
④：P社100＋S社50
⑥：P社利益100＋S社利益50×0.8
⑧：P社200＋S社100
⑩：P社100＋S社50
⑫：S社50×0.2

Column 12.3

日本基準における少数株主損益

　日本基準では，平成26年（2014年）3月期までは，子会社の株式を保有する非支配持分のことを「少数株主持分」といい，連結損益計算書の当期純利益は，この少数株主持分に帰属する利益（「少数株主損益」）控除後の金額を開示していました。そのため，前のケースを用いると，当期純利益の金額は，親会社と子会社の利益の合算額150ではなく，親会社の所有者に帰属する利益140が反映されてきました。

　ただし，日本基準も，平成27年度からIFRSと同様の規定に変更したため，現在では，連結損益計算書において計上される当期純利益は，親会社と子会社の利益の合算額150が反映されています。

12-4　関連会社への持分法適用

12-4-1　影響力基準に基づく関連会社の範囲

　企業グループには，親子関係を形成する会社以外にも，親会社と強い経営上のつながりをもつ会社も存在します。その代表的な会社が「関連会社」です。

ここに「関連会社」とは，企業グループの親会社または子会社が，会社の経営の経営戦略および財務戦略等に対し，支配までには至らないが重要な影響力を有している会社のことをいい，重要な影響力の判定は次のとおりです。

① 被取得会社の株式の20％超，50％未満を取得したケース

取得会社が，被取得会社の株式の20％超，50％未満の株式を取得して議決権を保有する場合，被取得会社が取得会社の企業グループの関連会社となります。

② 被取得会社の株式の取得割合は20％未満であるが，実質的に影響力を与えている事実関係があるケース

取得会社が取得した被取得会社の株式は20％未満でも，実質的に行使可能な潜在的議決権の存在，あるいは被取得会社の全取締役のうち，取得会社の企業グループより派遣されている社員が占める割合等の諸要素を総合的に勘案して，被取得会社を関連会社に含めるか決定します。

12-4-2　共同支配による合弁会社，ジョイント・ベンチャー

複数の当事者が，共同支配により経済活動を行う契約上の取り決めがあり，重要な意思決定が支配を共有している当事者の全員一致の合意を必要とする場合，「共同支配」（または，「ジョイント・アレンジメント」）といいます。

共同支配の代表的な形態が「合弁会社」です。たとえば，2社で50％ずつの出資形態として設立される事業体で，中国市場に外資系企業が進出する場合に，現地企業との間で設立される会社が代表的なものです。

その他の形態としては，「ジョイント・ベンチャー」があります。ここに「ジョイント・ベンチャー）」とは，事業を各投資企業から独立した事業体が担っており，各投資企業は当該事業体の純資産に対してのみ権利を有するものをいいます。

12-4-3　持分法に基づく関連会社株式の評価

関連会社，合弁会社およびジョイント・ベンチャーへの投資は，取得会社の個別財務諸表上では，「関係会社株式」項目で取得原価により計上しますが，取得会社が毎会計年度末に作成する連結財務諸表には，「持分法」に基づく評

価額により計上します。ここに,「持分法」とは,取得原価に,取得時以降に投資先が計上した純損益およびその他の包括利益のうち,取得会社が属する企業グループの持分に相当する金額を,企業グループの純損益およびその他の包括利益として認識する会計処理をいいます。

12-4-4　計算事例：持分法

　P社（親会社）は，A社（関連会社）の株式を当会計年度期首に（30％）を（30）で取得した。なお，当会計年度期首のA社の純資産は（100）であった。

　当会計年度末のP社およびA社の個別財務諸表は，**図表12－10**のとおりであったとします。

図表12－10　P社およびA社の当会計年度末の個別貸借対照表

P社　貸借対照表

資産		負債	
現金	270	借入金	100
建物	100	純資産	
関連会社株式	30	資本金	200
		利益剰余金	100
合計	400	合計	400

P社　損益計算書

売上高	200
売上原価	△100
当期純利益	100

A社　貸借対照表

資産		負債	
現金	150	借入金	50
建物	50	純資産	
		資本金	100
		利益剰余金	50
合計	200	合計	200

A社　損益計算書

売上高	100
売上原価	△50
当期純利益	50

　この個別財務諸表を基礎として，当会計年度末のP社の連結財務諸表を作成してみると，**図表12－11**のとおりです。

　P社の連結財務諸表には，関連会社A社の個別財務諸表の資産・負債，損益の数値は反映せず，A社株式（関連会社株式）の持分変動のみを変動させます。

図表12-11　P社連結財務諸表

P社　連結財政状態計算書

資産			負債		
現金		270	借入金		100
建物		100	資本		
持分法で会計処理されている投資		45 ①	資本金		200
			利益剰余金		115 ②
合計		415	合計		415

P社　連結損益計算書

売上収益	200
売上原価	△100
：	
持分法による投資損益	15 ③
当期純利益	115

①：A社株取得原価30＋A社持分変動分50×0.3
②：P社利益剰余金100＋A社持分変動分15
③：A社当期純利益50×0.3

　P社のA社持分の当期変動分（15）＝A社の当期純利益（50）×株式保有比率（30％）

　この変動分は，連結損益計算書の「持分法による投資損益」項目に計上するとともに，連結財政状態計算書の「持分法で処理されている投資」項目および「利益剰余金」項目に加算されます。

　このような持分変動分を「利益剰余金」項目に反映させる会計処理は，子会社の当期純利益のうち，親会社持分のみを反映される子会社の連結手続きと同じ効果をもたらします。

Column 12.4

日産自動車のアライアンス戦略

　企業グループの形成では，親子関係を基礎とした垂直型関係のほかに，お互いに株式を保有し合い，相互の経営の独立性は保ちつつも，研究開発や部品共有などを密接な関係を構築する水平型関係をもつことがあります。その典型的な経営スタイルをとるのが，日産自動車とフランスのRenault社（以下，「ルノー」という）との関係です。ルノーは，2006年から日産自動車の44％の株式を取得して，日産自動車を関連会社と位置づけると同時に，日産自動車もルノーの15％の株式を取得して，ルノーを関連会社として位置づけるアライアンス戦略をとるようになり，現在に至っています。

12-5 企業グループのセグメント情報

12-5-1 セグメント情報の形態

　連結財務諸表は，企業グループ全体の経営実態を反映した財務情報で，その本体情報からは，個々の子会社や関連会社の経営実態を把握することは困難です。それらの会社の経営実態は，連結財務諸表本体に付随して開示される注記情報のうち，企業グループを形成する事業区分別，市場区分別の詳細な経営活動の実態を反映した「セグメント情報」が有用です。たとえば，あるグローバル企業が複数の事業を国内・海外の市場で展開している場合，**図表12－12**に示すように，個々の事業・市場が，「セグメント」に該当します。

図表12－12　グローバル企業の事業・市場別セグメント

	日本	アジア	北米	欧州
A事業	○	○	○	
B事業	○	○		○
C事業	○		○	○

○：事業展開部分

　企業グループのセグメントとなる事業別，市場別の区分は，「マネジメント・アプローチ」とよばれる方法によって決定されます。ここに，「マネジメント・アプローチ」とは，企業の事業運営の実情を反映するため，企業内部で実施されている経営資源の配分方法や業績評価システムに連動する形で，セグメントの区分を決定する方法で，次のメリットがあります。

① 財務諸表利用者は，経営者が意思決定をする際に活用する詳細な事業・市場ごとの財務情報を，自らの意思決定にも利用することができること
② 企業内部で使用されているセグメントが反映されるため，その区分には恣意性が介入するリスクが少なくなること

③ 企業内部で使用される情報を基礎として外部公表用のセグメント情報を作成できるため，セグメント情報の作成コストを軽減できること

　一方で，「マネジメント・アプローチ」は，企業により異なる方法で事業・市場区分を決定しているため，たとえ同一の名称のセグメントであっても，必ずしも同一の事業対象を反映しているとは限らないため，セグメント情報のクロス・セクション分析は，容易ではない点がデメリットになります。また，同一の企業でも，企業内部組織の再編に伴ってセグメントも頻繁に変更されることがあるため，時系列分析が困難になるケースもあります。

　マネジメント・アプローチにより決定されたセグメントのうち，セグメント別の損益情報の開示対象となるセグメントを「報告セグメント」といい，次の条件を満たすセグメントが対象となります。

- セグメント売上収益が全セグメントの売上収益合計の10％以上であること
- セグメント利益が利益を獲得したセグメントの利益合計の10％以上であること（セグメント損失時には，その損失の絶対値で測定）
- セグメント資産が全セグメント資産合計の10％以上である

12-5-2　連結財務諸表注記におけるセグメント情報

　マネジメント・アプローチに基づいて決定された報告セグメントについて，**図表12－13**の取引実態があったとします。

図表12－13　事業セグメントの販売実態

この販売実態に基づくセグメント情報は，連結財務諸表本注記にて**図表12－14**の形で開示されます。

図表12－14 連結財務諸表注記・セグメント情報

	報告セグメント		調整額	連結
	A事業セグメント	B事業セグメント		
売上収益				
外部顧客	製品販売①	製品販売③	―	製品販売①＋③
セグメント間	製品販売②	―	△製品販売②	0
合計	製品販売①＋②	製品販売③	△製品販売②	製品販売①＋③
セグメント利益	xxx	xxx	xxx	xxx

12-5-3　セグメント売上収益

　セグメント情報における「外部顧客への売上収益」とは，各事業セグメントが企業グループ外の顧客に販売した商品・製品の金額で，その合算額は連結損益計算書の売上収益の金額と一致します。

　一方で，セグメント間での売上収益（セグメント間の内部売上と振替高）は，企業グループ内のセグメント間，具体的には子会社間または親会社と子会社との間で取引された商品・製品の金額で，連結財務諸表の作成プロセスでは，内部取引として位置づけられて相殺消去され，連結損益計算書の売上収益には反映されない項目です。セグメント間での売上収益が大きい事業セグメントは，セグメントごとの相互依存関係が大きいことを意味し，逆にこの金額が小さい事業セグメントは，事業の独立性が高いことを意味します。

12-5-4　セグメント利益

　セグメント情報における「セグメント利益」とは，報告セグメントごとの利益額を反映して，具体的には，企業グループの最高経営意思決定機関に報告される利益指標が用いられます。

　セグメント利益には，連結損益計算書の営業利益が使われるのが一般的ですが，「EBITDA」（有形・無形固定資産からの減価償却費とのれんの償却前の営業利益）という利益指標や当期純利益が用いられることもあります。

12-5-5 その他のセグメント情報

　セグメント情報としては，セグメント売上収益，セグメント利益に加えて，最高経営意思決定機関に対して定期的に提供・使用されている情報は，別途，開示対象となります。その代表的な指標は，事業別セグメントが保有する資産から毎期発生する減価償却費と，不定期に発生する減損損失の金額です。さらに，個々のセグメントへの投資情報である「持分法適用会社への投資額」や「有形固定資産及び無形固定資産の増加額」が開示されることもあります。

12-5-6　市場セグメント情報

　セグメント情報には，事業別のセグメント情報とともに，グローバル・マーケットにおける市場別のセグメント情報も開示されることがあります。日本の企業の場合には，「日本セグメント」のほかに，大陸別に，「北米セグメント」，「欧州セグメント」，「アジアセグメント」といった市場セグメントや，「アメリカ合衆国」，「中国」といった国別の市場セグメントの情報が開示されます。

　市場セグメント情報は，海外子会社の所在地を基礎とした情報と，最終消費者への販売地域を基礎とした情報の２種類のセグメント情報が開示されます。

12-5-7　所在地別の市場セグメント情報

　グローバル企業は，親会社のほかに数十から数百の子会社から構成されるのが一般的で，その子会社の多くは，製造拠点や販売拠点となる様々な国々に点在しています。それらの子会社での経営実態を反映したのが，所在地別の市場セグメント情報です。

　所在地別の市場セグメント情報においても，事業セグメント同様に，まず，セグメント売上収益の金額が，「外部顧客への売上収益」と「他のセグメントへの売上収益」に区分して開示されます。ここに「外部顧客への売上収益」とは，日本の親会社と世界の主要地域に点在する連結子会社が外部の顧客に対して販売した商品・製品の金額を反映しており，その合計額は，連結損益計算書の売上収益の金額と一致します。

　一方で，「他のセグメントへの売上収益（セグメント間の内部売上と振替高）」とは，地域ごとに異なる連結会社間でのセグメント間での売買取引を反

映したもので，たとえば，日本の親会社または製造子会社で製造した製品を，海外の販売子会社へ輸出するケースや，中国の子会社が製造した製品を日本や欧米の販売子会社へ輸出するケースなどが対象となります。これらの売上収益は，連結損益計算書では，相殺消去の対象となり，連結売上収益の金額には反映されない項目です。

　市場セグメント情報における「他のセグメントへの売上収益」は，国際課税の側面では，非常に重要な情報となることがあります。国境を越えた連結会社間での取引で，独立した第三者間での取引での価格とは異なる販売価格で取引が行われていないと見なされる場合には，移転価格課税の対象となります。

12-5-8　最終消費者への販売地域別セグメント情報

　市場セグメント情報には，子会社の所在地別の情報のほかに，最終消費者の販売地域別セグメント情報も開示されることがあります。この市場セグメント情報は，海外での販売実績などが対象となります。

　グローバル企業では，製品の製造と販売する拠点が異なり，多くの輸出入取引を行うのが一般的であり，親会社や子会社が存在する国と主要な最終消費者が存在する国とが，異なることが多くあります。たとえば，日本に拠点をもつグローバル企業では，日本の親会社や子会社では，日本国内の消費者への販売よりも，輸出をして海外への消費者への販売比率が年々増加する傾向があります。そのような企業の場合，所在地別のセグメント情報では，日本の市場セグメントの売上収益はさほど変動しないにもかかわらず，販売地域別セグメント情報での，日本の市場セグメントの売上収益の割合は減少する傾向がみうけられます。

12-6　主要子会社の実態分析

　企業グループの詳細な経営実態の分析を行いたい場合，セグメント情報のほかに，主要子会社や関連会社などの会社別分析も重要になるケースもあります。

12-6-1　定性情報の活用

　企業グループにおける国内および海外子会社の数は，有価証券報告書におけ

る定性情報（【企業の状況】における【関係会社の状況】欄）として開示されるとともに，主要な子会社については，住所，資本金，主要な事業内容，親会社が所有する議決権の割合，重要な経営上の関連事項が掲載されています。さらに，子会社の売上収益が，連結売上収益に占める割合が10％を超える場合には，当該子会社について，売上収益，営業利益，当期利益，総資産額，純資産額などの主要な経営指標も開示されます。

12-6-2　上場子会社または社債発行子会社の有価証券報告書情報

　株式を上場したり，社債を発行したりしている子会社は，子会社独自の有価証券報告書の開示が義務づけられており，それらの会社については，より詳細な財務情報を把握することが可能です。

12-6-3　金融子会社におけるセグメント情報の活用

　さらに，主要子会社の分析において，もう1つの重要な分析対象となるのが，金融子会社の実態分析です。近年，金融機関ばかりでなく一般事業会社においても，傘下に金融子会社を保有して，積極的に金融活動を行う傾向にあります。金融活動は，収益性が高い事業である一方で，リスクも高い事業形態であるため，その実態を適切に把握しておくことは，企業グループの実態分析には不可欠の事項です。

　一般事業会社が金融事業を営む場合，従来は，事業特性の相違から一般事業会社の連結財務諸表には反映しないで，いわゆるオフバランス項目として位置づけられていました。しかし，金融活動が企業グループの経営に重大な影響を与えている現状を考慮して，現行の連結財務諸表は，一般事業と金融事業とを合算した数値を反映しています。そのうえで，金融子会社の重要性の度合いに基づき，次の代替的な開示方法が認められています。

① **金融セグメントを事業セグメントの一形態として開示する方法**

　この開示方法では，他の事業セグメントと同様に，セグメント売上収益，セグメント利益およびその他重要なセグメント情報が開示されます。

② 金融セグメント独自の財務諸表を開示するケース

　企業グループにおいて，金融セグメントの重要性が高い場合には，金融セグメントと金融以外のセグメント（これを「事業セグメント」といいます）を区分して，金融セグメントと事業セグメント，それぞれの財務諸表を開示します。この開示方法では，金融セグメントの財政状態計算書，損益計算書およびキャッシュ・フロー計算書が開示され，通常のセグメント情報よりも詳細なセグメント情報が開示されます。

　金融事業は，一般事業と比べて収益性が高い傾向にある業種ですが，同時にリスクも高く，金利変動リスク，為替変動リスク，信用リスク等の影響を受けて収益性の変動が激しい点に特徴があり，その実態把握は，企業グループ分析では重要な位置づけとなります。

12-7　Tableauを活用した財務報告分析

12-7-1　Case Study：持分法による投資損益

　Tableau Publicにおける「グローバル企業の財務情報」（Sec.12 連結会計とセグメント情報）を開き，（総合商社）の中から数社を選択して下さい。比較対象企業における「持分法で会計処理されている投資」項目と「持分法による投資損益」の金額の時系列分析とクロス・セクション分析を実施してみましょう。

　総合商社の関連会社の業績が，総合商社の企業グループに与えている影響が非常に大きい実態が把握できたか確認しましょう。

12-7-2　Case Study：セグメント区分

　Tableau Publicにおける「グローバル企業の財務情報」（Sec.12 連結会計とセグメント情報）を開き，（総合電機）の中からソニーを選択して下さい。同社のセグメント情報として，直近5年間における報告セグメントの変遷を調べてみましょう。

　ソニーは，直近の会計年度において，事業再編を積極的に行っており，「映画」および「音楽」セグメントについては，継続して使用されていますが，他

のセグメントについては，毎期その区分が変更されていることが把握できたか確認しましょう。

12-7-3　Case Study：セグメント収益とセグメント利益

　Tableau Publicにおける「グローバル企業の財務情報」（Sec.12 連結会計とセグメント情報）を開き，（小売業 Fast Fashion）の中からファーストリテイリングを選択して下さい。同社のセグメント別売上収益と営業利益の時系列推移を調べてみましょう。

　国内ユニクロセグメントは順調に伸びているものの，海外ユニクロセグメントの急激な成長がファーストリテイリング全体の成長を支えている実態が把握できたか確認しましょう。

> 演習問題

Q1　IFRSを採用している企業の場合，連結財務諸表の連結範囲はどのように決定するか説明しなさい。

Q2　企業グループにおける親会社と子会社との間での内部取引には，具体的にはどのような取引があるか説明しなさい。

Q3　毎期の連結財務諸表作成時における「投資と資本の相殺消去」の具体的な処理方法について説明しなさい。

Q4　共同支配の意義と形態について説明しなさい。

Q5　「持分法」の会計処理と子会社の連結手続きの共通点について説明しなさい。

Q6　セグメント情報における「マネジメント・アプローチ」の特徴について説明しなさい。

Q7　セグメント利益とはどのような利益概念か説明しなさい。

Q8　金融子会社のセグメント情報の開示方法について説明しなさい。

Q9　企業グループにおける主要子会社の経営実態を把握する方法について説明しなさい。

Q10　市場別セグメント情報における，「所在地別」情報と「最終顧客別」情報との相違点について説明しなさい。

索　引

英数

B to B ……………………………………… 61
B to C ……………………………………… 61
EBITDA ………………………………… 220
EDINET …………………………………… 5
FVOCI ………………………………… 123
FVPL …………………………………… 123
GAAP ……………………………………… 6
IASB ……………………………………… 7
IFRS ……………………………………… 7
IR ………………………………………… 6
M&A …………………………………… 187
NET DER ……………………………… 110
ROE …………………………………… 111
SPA ビジネス …………………………… 62
SPC …………………………………… 206
Tableau ………………………………… 15
TDnet …………………………………… 5
１年基準 ………………………………… 22
100％子会社 …………………………… 206

あ行

圧縮記帳 ……………………………… 156
アライアンス戦略 …………………… 217
安全性 …………………………………… 12
一時差異 ……………………………… 146
移転価格課税 ………………………… 182
インカム・ゲイン …………………… 126
打歩発行 ……………………………… 114
売上原価 …………………………… 40, 75
売上収益 …………………………… 40, 56
売上総利益 ………………………… 40, 84
売上総利益率 …………………………… 84
売上値引き ……………………………… 59
売上割戻し ……………………………… 59
永久差異 ………………………… 146, 151
営業活動によるキャッシュ・フロー … 48
営業債権 ………………………………… 71
営業利益 ………………………………… 84
営業利益率 ……………………………… 85

益金 …………………………………… 147
オフバランス ………………… 26, 92, 198
オペレーティング・リース … 26, 93, 97, 118
親会社株主 ………………………… 30, 211
親会社株主持分 ……………………… 212
オンバランス …………………………… 92

か行

外貨建取引 …………………………… 167
会計期間 ………………………………… 3
外国通貨 ……………………………… 166
会社法 …………………………………… 3
回収可能価額 ………………………… 101
外部顧客への売上収益 ……………… 220
格付け ………………………………… 114
確定決算主義 ………………………… 146
額面価額 ……………………………… 113
貸方 ……………………………………… 19
貸倒引当金 ……………………………… 71
貸倒引当金の損金算入限度超過額 … 152
課税所得 ……………………………… 145
加速償却 ……………………………… 157
割賦取引 ………………………………… 92
割賦未払金 ……………………… 108, 118
株式 …………………………………… 128
株式会社 ……………………………… 126
株式交換 ……………………………… 187
株主資本等変動計算書 ………………… 31
株主持分 ……………………………… 212
借入金 ………………………………… 108
借方 ……………………………………… 19
為替差損益 ……………………… 83, 169
為替予約 ……………………………… 172
為替レート …………………………… 166
関係会社株式 ………………………… 142
換算リスク …………………………… 178
間接法 …………………………………… 48
完全子会社化 ………………………… 210
感応度分析 …………………………… 196
元利均等払い …………………… 109, 118
関連会社 ………………………… 142, 214

機会損失	175
企業会計基準委員会	6
企業結合	188
機能通貨	166
キャッシュ・フロー	24, 38
キャッシュ・フロー・ヘッジ	175
キャピタル・ゲイン	126
強制評価減	82
共同支配	215
均等額償却	194
金融活動	42
金融子会社	223
金融資産	137
金融収益・費用	41, 169
金融商品取引法	4
金融セグメント	224
金融負債	27
クリーン・サープラス	44, 140
繰越欠損金	153
繰延税金資産	154
繰延税金資産の回収可能性	155
繰延税金負債	156
グローバル・キャッシュ・マネジメント	181
クロス・セクション分析	14
計算書類	4
形式的減資	131
経常利益	38
計数の変動	131
経費	78
決算短信	5
限界利益	86
減価償却費	94, 96
減価償却費の金融効果	98
原価配分	94
研究開発費	82
現金	23
現金同等物	23, 38
顕在化リスク	169
原材料費	78
減損処理	99, 195
減損損失	42, 102
減損損失の戻入れ	103, 200
減損テスト	195, 196
工事進行基準	63
公正価値	59, 138
公正価値オプション	123
合弁会社	215
子会社	142
子会社化	187, 210
固定資産	22
固定資産の再評価モデル	97
固定資産売却損益	83, 104
固定費	86
固定負債	27
固定利率	113
個別財務諸表	9

さ行

在外営業活動体における換算額	179
在外子会社	168, 177
在外支店	167
債務	28
財務活動	42
財務活動によるキャッシュ・フロー	50
財務諸表	3
財務諸表等規則	6
債務超過	20
先入先出法	76
先物為替レート	173
時価(公正価値)	96, 138
直物為替レート	173
事業性資産	137
事業セグメント	224
事業持株会社制	205
事業モデル	123
資金生成単位	100, 195
時系列分析	14
自己株式	31, 132
自己創設無形資産	198
資産	21
市場セグメント情報	221
実現可能利益	57
実現利益	44, 57
実効利率	116
実質的減資	131
実質的増資	129
指定国際会計基準特定会社	6
支配	70
支配力	210

四半期	3
四半期報告書	4
資本	28
資本金	30, 128
資本準備金	128
資本剰余金	30, 128, 134
資本性金融商品	127
資本直入	44
資本直入方式の時価評価	140
資本取引	28
社債	108
収益	39
収益性	12
授権株式数	127
取得会社	187
取得原価	94
取得法（パーチェス法）	188
主要営業循環	22
純額（ネット）測定	60
純資産	28
純粋持株会社制	204
純負債	110
ジョイント・ベンチャー	215
使用価値	101, 195
償却原価法	115
少数株主損益	214
少数株主持分	214
消費税	59
商品評価損	81
正味実現可能価額	81
正味売却価額	101
将来加算一時差異	156
将来減算一時差異	151
将来性	12
所在地別の市場セグメント情報	221
処分費用控除後の公正価値	195
新株予約権	130
新株予約権付社債	114
信用リスク	121
ストック・オプション	136
ストック情報	11
税効果会計	149
製造原価	78
税引前当期純利益	41
製品製造原価明細表	79

製品保証引当金	72
税務戦略	161
税務リスク	183
セグメント間内部収益	58
セグメント情報	58, 218
セグメント利益	220
潜在化リスク	169
総額（グロス）測定	60
増資	129
その他収益・費用	41, 83
その他の資本の構成要素	31, 141
その他の新株予約権付社債	115
その他の包括利益	44
損益取引	28
損益分岐点分析	86
損金	147
損金不算入項目	151

た行

貸借対照表	19, 21
耐用年数	94
タックス・プランニング	155
棚卸減耗損	80
棚卸資産	75, 78
短期貸付金	121
短期借入金	112
中間配当	135
長期請負工事契約	63
長期貸付金	121
長期借入金	112
定額法	95
低価法	82
定率法	95
転換社債型新株予約権付社債	115
当期純利益	37, 42
投機目的の保有株式	139
投資活動によるキャッシュ・フロー	49
独立企業間価格	183
取引リスク	169, 177

な行

| 内部取引 | 207 |
| のれん | 189 |

は行

項目	ページ
売価還元法	77
発行株式数	127
販売費及び一般管理費	41, 82
引当金	27, 70
非経常活動	47
非継続事業	43
非支配株主	30, 211
非支配株主持分	30, 212
被取得会社	187
ビッグ・バス会計	100
費用	39
評価・換算差額等	141
評価性引当金	155
非流動資産	22
非流動性配列法	22
非流動負債	27
ファイナンス・リース	26, 93, 118
ファブレス	93
複式簿記	2
複数要素取引	66
負債	27
負債性金融商品	108
負債性引当金	152
付随費用	76
普通株式	130
負ののれん	192
フランチャイズ契約	67
フリー・キャッシュ・フロー	50
フロー情報	11
プロシクリカル（Pro-cyclical）効果	100
分配可能利益	56
平均法	76
ペーパーカンパニー	168, 181
変動費	86
変動利率	113
返品調整引当金	72
ポイント引当金	67
包括利益	37, 44
報告セグメント	219
法人所得税	43
法人所得税費用	43, 148
法人税，住民税及び事業税	148
法人税等の負担率	149, 159
法定実効税率	147

ま行

項目	ページ
マネジメント・アプローチ	218
満期保有目的	122
満期保有目的の社債	121
未払法人税	159
未分配利益	182
無形資産	25, 91
無償減資	131
持分プーリング法	191
持分法	216
持分法で処理されている投資	217
持分法による投資損益	217

や行

項目	ページ
有価証券報告書	4, 9
有形固定資産	25, 91
有償減資	131
有償増資	129
優先株式	130
有利子負債	108
預金	23
予定取引	175

ら行

項目	ページ
ラッキーバイ（Lucky Buy）	192
リース契約	118
リース債務	108
リース取引	92
利益	37
利益剰余金	30, 134
リサイクル	45
リスクと経済価値の移転	70
流動資産	22
流動性配列法	22
流動性リスク	116
流動負債	27
臨時償却	100
レバレッジド経営	110
連結計算書類	4
連結財政状態計算書	21
連結財務諸表	9
連結財務諸表規則	6
連結貸借対照表	21

連結納税制度 …………………………… 146	労務費 ……………………………………… 78
連結配当性向 …………………………… 135	**わ行**
連結持分変動計算書 …………………… 31	割引発行 ………………………………… 114
ロイヤルティ …………………………… 66	

■著者略歴

西澤　茂（にしざわ・しげる）

上智大学経済学部教授

【略歴】
慶應義塾大学商学部卒業
慶應義塾大学大学院商学研究科後期博士課程修了
東京理科大学工学部助手，経営学部専任講師
上智大学経済学部専任講師，助教授を経て現職
米国ヴァージニア大学客員研究員

【主著】
『財務力を鍛える』（中央経済社）
『環境債務の実務』（共著）（中央経済社）
『財務報告のためのキャッシュ・フロー割引計算』（共著）（中央経済社）など

上西順子（うえにし・じゅんこ）

上智大学国際教養学部准教授

【略歴】
米国ハーバード大学経済学部卒業
米国ノースイースタン大学院会計学修士課程修了
慶應義塾大学大学院商学研究科後期博士課程修了
静岡産業大学助教授を経て現職
米国コロンビア大学客員研究員

【主著】
『現代簿記論の展開』（共著）（税務経理協会）など

グローバル企業の財務報告分析

| 2017年9月1日 | 第1版第1刷発行 |
| 2024年11月20日 | 第1版第5刷発行 |

著　者	西　澤　　　茂
	上　西　順　子
発行者	山　本　　　継
発行所	㈱中央経済社
発売元	㈱中央経済グループ パブリッシング

〒101-0051　東京都千代田区神田神保町1-35
電話　03（3293）3371（編集代表）
　　　03（3293）3381（営業代表）
https://www.chuokeizai.co.jp
印刷／㈱堀内印刷所
製本／㈲井上製本所

Ⓒ 2017
Printed in Japan

＊頁の「欠落」や「順序違い」などがありましたらお取り替えいたしますので発売元までご送付ください。（送料小社負担）

ISBN 978-4-502-21671-8　C3034

JCOPY〈出版者著作権管理機構委託出版物〉本書を無断で複写複製（コピー）することは，著作権法上の例外を除き，禁じられています。本書をコピーされる場合は事前に出版者著作権管理機構（JCOPY）の許諾を受けてください。
JCOPY〈https://www.jcopy.or.jp　eメール：info@jcopy.or.jp〉

―■おすすめします■―

学生・ビジネスマンに好評
■最新の会計諸法規を収録■

新版 会計法規集

中央経済社編

会計学の学習・受験や経理実務に役立つことを目的に、最新の会計諸法規と企業会計基準委員会等が公表した会計基準を完全収録した法規集です。

《主要内容》

会計諸基準編＝企業会計原則／外貨建取引等会計処理基準／連結CF計算書等作成基準／研究開発費等会計基準／税効果会計基準／減損会計基準／自己株式会計基準／1株当たり当期純利益会計基準／役員賞与会計基準／純資産会計基準／株主資本等変動計算書会計基準／事業分離等会計基準／ストック・オプション会計基準／棚卸資産会計基準／金融商品会計基準／関連当事者会計基準／四半期会計基準／リース会計基準／工事契約会計基準／持分法会計基準／セグメント開示会計基準／資産除去債務会計基準／賃貸等不動産会計基準／企業結合会計基準／連結財務諸表会計基準／研究開発費等会計基準の一部改正／変更・誤謬の訂正会計基準／包括利益会計基準／退職給付会計基準／原価計算基準／監査基準／連続意見書　他

会 社 法 編＝会社法・施行令・施行規則／会社計算規則

金 商 法 編＝金融商品取引法・施行令／企業内容等開示府令／財務諸表等規則・ガイドライン／連結財務諸表規則・ガイドライン／四半期財務諸表等規則・ガイドライン／四半期連結財務諸表規則・ガイドライン　他

関連法規編＝税理士法／討議資料・財務会計の概念フレームワーク　他

■中央経済社■